우주 신재생에너지에 투자하라

초판 1쇄 발행 2022년 10월 26일
초판 2쇄 발행 2022년 11월 16일

지은이 이봉진

발행인 장상진
발행처 (주)경향비피
등록번호 제2012-000228호
등록일자 2012년 7월 2일

주소 서울시 영등포구 양평동 2가 37-1번지 동아프라임밸리 507-508호
전화 1644-5613 | **팩스** 02) 304-5613

ⓒ이봉진

ISBN 978-89-6952-524-6 03320

우주 신재생에너지에 투자하라

이봉진 지음

경향BP

투자가 이루어질 수밖에 없는
분야를 찾아라

투자 환경이 변하고 있다. 2000년대는 중국이 세계의 공장으로 등장하며, 전 세계적으로 높은 성장을 구가하던 때였다. 중국의 성장에 기대어 산업재를 중심으로 자본시장도 크게 성장했다. 2010년대는 금융위기 이후 세계 경제를 회복시키기 위해 각국이 양적완화를 하던 시기였다. 풍부한 유동성을 바탕으로 자본시장이 활기를 띠었고, 구글Google이나 페이스북Facebook 같은 인터넷 플랫폼 기업들이 본격적으로 성장한 시기였다.

2020년대는 코로나19로 시작한 또 다른 10년이다. 코로나19로 우리의 일상에는 많은 변화가 나타났다. 먼 이야기 같았던 재택근무·화상회의가 일상이 됐고, 언택트Untact 산업이 성장했으며, 의도치는 않았지만 미세먼지가 적은 깨끗한 환경도 잠깐이나마 경험할 수 있었다. 그리고 바로 원자재 가격이 급등하면서 인플레이션이 찾아왔고, 세계 경제는 이제 회복될 것이냐, 침체될 것이냐에 대한 논쟁이 치열하다.

이럴 때일수록 시계(視界)를 멀리 해 앞으로도 흔들리지 않고 꾸준히 성장해 나갈 산업을 찾아보는 것이 필요하다. 그런 산업으로 우주와 신재생에너지를 추천한다. 정부와 민간의 투자가 집중되고 있고, 우수한 인재들이 들어오고 있으며, 이들로부터 파생될 (지금은 알 수 없는) 분야가 무궁무진하기 때문이다.

이들 산업에 대한 투자는 현재 인류가 당면한 환경의 변화로 볼 때 그 규모가 계속 늘어날 수밖에 없다. 지구 온난화로 매년 수천억 달러에 해당하는 기상재해가 발생하고 있다. 지구 온난화를 막기 위한 노력들이 계속되고 있는데, 현재 인류가 찾아낸 해법은 신재생에너지 비중을 더욱 늘려 나가는 것이다.

우주는 우리의 삶을 좀 더 풍요롭게 만들어 줄 수 있는 공간으로의 가치가 부각되며 투자가 늘어나고 있다. 특히 테슬라Tesla, 아마존Amazon 같은 거대 기업을 이끌었던 일론 머스크Elon Musk, 제프 베이조스Jeff Bezos 같은 조만장자들이 적극 투자에 나서는 것을 보면, 우주라는 공간이 만들어 낼 부가가치는 무궁무진해 보인다.

투자 환경이 급변하는 때일수록 투자가 이루어질 수밖에 없는 분야를 찾아 나서야 성공할 확률이 높다. 이 책은 앞으로 주식 투자를 하려는 분들, 또는 이미 투자를 하고 있지만 우주와 신재생에너지 산업은 잘 모르는 분들께 최대한 이해를 돕고자 하는 목적으로 썼다.

WARMING UP에서는 왜 장기 투자를 해야 하는지, 장기 투자를 하기 위해 알아야 할 메가트렌드로는 어떤 것들이 있는지를 정리하고, 메가트렌드 중에서도 우주와 신재생에너지를 봐야 하는 이유를 간략히 설명했다. PART I에서는 우주, 특히 주목해야 할 분야인 저궤도 위성에 대해 자세히 설명했다. PART II에서는 신재생에너지가 왜 중요한지, 현재 나타나고 있는 신재생에너지 분야의 트렌드와 장기 전망 등을 정리했다.

각 파트의 마지막에는 투자자의 관점에서 어떤 부분을 중요하게 봐야 하는지 투자 포인트를 간략히 설명했다. 투자 포인트는 투자 대상을 직접적으로 언급하기보다는 투자 대상을 고를 때 기준으로 삼아야 할 것들을 정리했다.

신용평가사에서 애널리스트로 사회에 첫발을 내디딘 후, 주식 시장과 대기업을 거쳐 다시 주식 시장에서 애널리스트로서 많은 보고서를 작성하고 있다. 보고서를 작성할 때 염두에 두는 대상은 이미 해당 산업을 잘 이해하고 있는 분들이며, 그분들께 산업에 대한 인사이트와 투자 전략 수립을 돕는 것이 목적이었다. 그러다 보니 우주와 신재생에너지 산업을 잘 모르지만 관심을 갖고 있는, 혹은 관심을 가져 볼까 하는 분들을 대상으로 하는 글쓰기는 쉽지 않았다.

2022년 주식 시장에서 "태조이방원이 아니면 주식이 아니다."라는 말이 있다. '태조이방원'이란 태양광, 조선, 이차전지, 방산, 원자력 산업을 말한다. 그중 태양광은 신재생에너지의 한 분야이며, 이차전지와 방산, 원자력 산업도 넓은 범위에서 우주와 신재생에너지와 닿아 있다. 이차전지는 전기차·자율주행과 연결되는데, 전기차는 에너지의 전력화라는 관점에서, 자율주행은 저궤도 위성통신을 통해 더욱 활성화될 수 있기 때문이다. 방산은 미래의 전쟁이 우주전이라는 의미에서, 원자력 산업도 에너지 관련 산업이라는 점에서 모두 연관이 있다. 이 책이 이들 산업과 맞닿아 있다는 점에서 투자자들의 이해를 조금이라도 높이는 데 일조했으면 하는 바람이다.

끝으로 이 책을 쓰는 동안 많은 도움을 주신 분들께 감사인사를 드리고 싶다. 한화시스템 송재인 팀장님, 장태화 차장님, 한국항공우주 최용호 팀장님께서는 많은 전문가분과 만남을 주선해 주셨다. 대중이 쉽게 이해할 수 있는 선에서 설명하려다 보니 전문가분들과 심도 깊게 나눈 내용을 상세히 담지 못한 면이 있다. 이 점 양해 부탁드리며 응원하고 지원해 주신 데 대해 감사드린다. 그리고 한화투자증권 리서치센터에 같이 재직했던 김동하 차장에게도 감사드린다. 우주 산업에 대해 같이 논의하고 함께 세미나 다닌 기억을 오래 간직할 것이다.

책 쓴다고 평일 저녁이나 주말에도 잘 놀아 주지 못한 아빠를 믿고 응원해 주었을 뿐만 아니라 틈틈이 오타도 바로 잡아 준 두 아들 영윤, 영헌과 사랑하는 아내에게 고맙다는 말을 전하고 싶다. 마지막으로 늦둥이 아들을 사랑으로 키워 주신 어머니께 감사인사를 드린다. 원고 마감을 앞두고 갑작스레 소천하신 어머니 영전에 이 책을 바친다.

이봉진

목차

═══ WARMING UP ═══
장기 투자자가 알아야 할 메가트렌드

PART I
우주 산업: 미래 산업혁명을 이끌 뉴 스페이스 산업

PART II

신재생에너지: 기후 변화가 만들어 낼 에너지 세상

WARMING UP

장기 투자자가 알아야 할
메가트렌드

왜 장기 투자를
해야 하는가?

투자 고수들은 장기 투자를 권한다

투자의 고수들이 빼놓지 않고 하는 이야기가 있다. 바로 장기 투자이다. 인터넷 교보문고에서 '장기 투자'로 검색하면 관련 도서가 외국도서를 포함해 150건이 넘게 검색될 정도이다.

주식은 대표적인 위험자산이다. 위험자산이란 변동성이 큰 자산을 말하는데, 은행 정기예금과 비교하면 이해하기 쉽다. 은행 정기예금은 은행에 맡겨 둔 기간 동안 일정한 수익률로 이자를 준다. 내가 맡긴 예금이 원금 이하로 떨어질 가능성은 은행이 부도나지 않는 한거의 없다. 반면에 수익률은 그리 높지 않다. 이런 자산을 안전자산이라고 부른다. 안전자산에 비해 주식은 내가 투자한 원금을 잃을 가능성이 항상 존재한다. 반면에 은행 이자율보다 높은 수익률을 기대할 수 있다. 변동성이 크다는 의미인데, 이런 점에서 주식을 위험자산이라고 부른다.

하지만 위험자산인 주식도 장기간 투자하면 정기예금보다는 높은 수익률이 나온다. 제레미 시겔Jeremy J. Siegel 교수가 2015년에 쓴 『주식에 장기 투자하라』라는 책을 보면 주식 보유 기간이 1년인 경우 주식의 실질수익률은 -38.6%를 기록한 적도 있지만, 20년 이상 장기 투자를 하게 되면 최악의 경우에도 플러스 수익률을 기록한 것으로 나온다. 장기 투자를 하는 경우 같은 기간의 채권이나 다른 자산보다 주식의 수익률이 더 높다는 것을 입증했다.

개인 투자자 입장에서는 매일 매일 쏟아지는 엄청난 양의 정보와 데이터를 다 감당하기 어렵다. 많은 정보 가운데는 정확한 정보도 있지만 그렇지 않은 정보도 상당하다. 큰 그림과 방향성을 정해 놓고 투자를 하지 않으면 매일 쏟아지는 정보에 휘둘리기 쉽다.

2022년 들어 러시아-우크라이나 전쟁이 벌어지면서 유가는 크게 올랐다. 하지만 일별로 보면 어떤 날은 유가가 떨어지기도 했다. 큰 틀에서 보면 유가는 올랐지만 특정 일자에 떨어진 것이다. 그런 날에는 왜 떨어졌는지를 설명하는 자료와 보도들이 쏟아져 나온다. 예를 들면 사우디를 비롯한 석유개발기구OPEC가 생산량을 늘리기로 해서 유가가 떨어졌다는 식이다. 하지만 다음 날부터 다시 유가가 오르면 OPEC의 증산 이야기는 쏙 빠지고, 미국의 원유 재고가 예상보다 크게 줄었다거나, OPEC의 합의가 잘 안되었다는 이야기들이 나온다.

매일 나오는 뉴스마다 일희일비하면서 투자하게 되면 좋은 성과를 거두기 어렵다. 큰 그림에서 유가가 올라가는 방향일지, 내려가는 방향일지에 대해 나름대로 판단할 수 있어야 한다. 그렇게 투자의 사결정을 하면 수시로 나오는 뉴스에 흔들리지 않게 된다. 설령 내가 생각해 보지 않은 뉴스가 나오더라도 내가 본 큰 그림을 수정해야 할 만한 변수인지를 판단하면 된다. 크게 걱정할 만한 이슈가 아니라고 생각하면 기존 투자 포지션을 그대로 유지하면 된다.

사실 직장인들은 그날그날의 가격 변수 동향을 파악하기가 쉽지 않다. 심지어 금융 업종에 몸담고 있어도 내부에서 하는 업무가 다르면 모르기는 매한가지이다. 장기 투자의 장점은 이렇게 매일 발표되는 지표나 시장 상황에 휘둘리지 않을 수 있다는 것이다.

또 다른 장기 투자의 장점은 주식 투자에 들어가는 비용을 줄일 수 있다는 것이다. 주식 매매를 하는 경우 거래 건별로 수수료가 발생한다. 단기에 샀다 팔았다를 많이 하게 되면 그만큼 수수료 부담이 커지게 된다. 하지만 좋은 종목을 사서 오래 들고 있으면 단기 투자에 비해 수수료를 줄일 수 있다.

성장을 주도하는 산업은 급격히 변하지 않는다

시기마다 성장을 이끄는 주도산업은 달라진다. 하지만 급격하게 변하지는 않는다. 그때그때 주식 시장에서 투자자들이 선호하는 산업은 수시로 바뀌는 것 같지만, 한국이나 해외 모두 성장하는 기업들이 집중된 산업을 살펴보면 변화가 나타나기 전까지는 적어도 10년 이상의 시간이 필요하다.

2010년에는 '차화정'이라고 해서 자동차, 화학, 정유를 선호했다. 2022년에는 '태조이방원'이 아니면 주식이 아니라는 이야기도 있다. '태조이방원'이란 태양광, 조선, 2차전지, 방산, 원자력을 말한다. 그때그때 주식 시장에서 각광받는 산업이 있지만, 이러한 산업이 각광을 받기까지는 분명 긴 성장의 스토리가 있게 마련이다.

한국의 주도산업 변화

한국의 경제 성장을 주도했던 산업은, 1950년대는 화학섬유공업이나 식품 가공업이었고, 1960년대는 목재, 방직업이었다. 1970년대는 종합상사가, 1980년대는 석유화학, 철강 등의 중공업이 경제 성장을 주도했다. 1990년대 들어 경제 성장을 주도했던 전기전자·자동차 업종은 2000년대에도 여전히 건실하게 한국 경제를 받쳐 주었다. 2010년대로 진입하면서는 성장의 주역으로 헬스케어, 인터넷 플랫폼 기업들이 떠오르고 있다.

표 1은 기업이 한 해 동안 얼마나 많이 팔았나 하는 매출액을 기준으로 1950년대부터 상위 기업들을 살펴본 것이다. 아직도 남아 있는 낯익은 이름들이 있지만 이런 회사도 있었구나 할 정도로 낯선 이름의 기업도 많이 보인다. 1950년대 매출 1위는 '삼양설탕'을 만들었던 삼양사였다. 그리고 화장품 제조업을 목적으로 설립된, 현재 LG화학의 전신인 락희화학이 매출 4위 기업에 올라 있다.

표 1. 한국의 10대 기업(매출액 기준)

순위	1955년	1965년	1975년	1985년	1995년	2005년	2015년	2020년
1	삼양사	동명목재	대한항공	삼성물산	삼성물산	삼성전자	삼성전자	삼성전자
2	대한석탄공사	금성방직	재보공사	대우	현대상사	현대자동차	현대자동차	현대자동차
3	한국산업은행	판본방직	제일제당	현대상사	삼성전자	LG전자	한국전력공사	SK
4	락희화학	경성방직	삼성물산	유공	LG상사	한국전력공사	포스코	LG전자
5	금성방직	대성목재	대우실업	호남정유	유공	국민은행	LG전자	기아자동차
6	전남방직	양회수출조합	삼양사	포항제철	현대자동차	포스코	기아자동차	한국전력공사
7	북삼화학공사	동일방직	기아산업	현대건설	한국전력공사	SK	SK이노베이션	포스코
8	한국비료공사	동신화학	금성사	동방생명	포스코	기아자동차	현대중공업	한화
9	현대건설	대한제분	럭키	삼성전자	선경	GS홀딩스	한화	현대모비스
10	남익사	제일제당	동양나일론	선경	LG전자	SK네트웍스	현대모비스	SK이노베이션

자료: 마이경제(2012), 2015년과 2020년은 상장사협의회 연결매출 기준

1960년대는 정부 주도의 차관 도입, 수출 드라이브 정책이 시행되며 대우그룹과 같은 대기업 집단이 출범했고, 기존에 출범한 대기업은 사세를 확장하기 시작했다. 매출액 상위 기업의 대부분은 목재회사와 방직회사가 차지하였다.

1970년대 들어 정부가 중화학공업 육성 정책을 추진하는 한편, 수

표 2. 한국의 10대 그룹(총자산 기준)

순위	1965년	1975년	1985년	1995년	2005년	2015년	2020년
1	삼성	락희	삼성	현대	삼성	삼성	삼성
2	삼호	삼성물산	현대	삼성	현대자동차	현대자동차	현대자동차
3	삼양	현대	럭키금성	대우	LG	SK	SK
4	개풍	한국화약	대우	LG전자	SK	LG	LG
5	동아	동국	선경	선경	롯데	롯데	롯데
6	락희	대한	쌍용	쌍용	KT	포스코	포스코
7	대한제분	효성	한국화약	한진	포스코	GS	한화
8	동양	신동아	한진	기아	한진	현대중공업	GS
9	화신	선경	효성	한화	GS	한진	현대중공업
10	한국유리	한일합섬	대림	롯데	한화	한화	신세계

자료: 마이경제(2012), 2015년과 2020년은 상장사협의회 연결매출 기준

출 확대에 중점을 두면서 매출 1위 기업은 대한항공이 차지했다. 그리고 삼성물산, 대우실업과 같은 종합상사 기업들이 매출 상위권에 이름을 올렸다. 이들 종합상사는 1990년대까지도 Top 10에 다수의 기업이 올라 있을 만큼 오랫동안 호황기를 유지했다.

1980년대는 정유·석유화학·철강 등의 중공업 업체가 성장을 주도했다. 1970년대에 추진했던 중화학공업 육성정책이 결실을 맺었기 때문이다. 상위권은 종합상사들이 차지했지만, 유공·호남정유·포항제철과 같은 중공업 기업들이 Top 10에 들었고, 삼성전자도 10위권 이내에 모습을 드러냈다.

1990년대는 삼성전자, LG전자, 현대자동차 등 지금까지도 한국 경

표 3. 국내 시가총액 상위 10대 기업

순위	1995년	2000년	2005년	2010년	2015년	2020년	2021년
1	한국전력공사	삼성전자	삼성전자	삼성전자	삼성전자	삼성전자	삼성전자
2	삼성전자	SK텔레콤	국민은행	POSCO	현대차	SK하이닉스	SK하이닉스
3	포항종합제철	한국통신공사	한국전력	현대차	한국전력	LG화학	NAVER
4	한국이동통신	한국전력	현대차	현대중공업	삼성물산	삼성바이오로직스	삼성바이오로직스
5	대우중공업	포항제철	POSCO	현대모비스	아모레퍼시픽	셀트리온	카카오
6	LG전자	한통프리텔	우리금융	LG화학	현대모비스	NAVER	삼성SDI
7	데이콤	국민은행	하이닉스	신한지주	SK하이닉스	삼성SDI	현대차
8	현대건설	담배인삼공사	LG필립스LCD	KB금융	삼성생명	현대차	LG화학
9	신한은행	기아차	SK텔레콤	삼성생명	LG화학	카카오	기아
10	조흥은행	주택은행	신한지주	기아차	NAVER	삼성물산	카카오뱅크

주: 우선주는 제외
자료: KRX정보데이터시스템

제에 중추적인 역할을 하는 기업들이 매출 상위권 기업으로 본격 등
장했다. 이들 기업들은 2000년대 들어서면서 글로벌 경쟁력까지 갖
추고 한국의 경제 성장을 주도하고 있다.

매출액이 아닌 주식 시장에서 가치를 평가받는 금액 기준인 시가

총액으로 주도산업을 살펴보면 어떨까? 시가총액에는 그 기업이 앞으로 만들어 낼 미래의 가치까지 반영하고 있기 때문에 특정 시점의 매출액뿐만 아니라 성장 잠재력에 대한 평가 의미도 담고 있다고 볼 수 있다. 시가총액 기준으로 살펴본 주도산업과 매출액 기준으로 본 주도산업과는 차이가 존재한다.

시계열이 매출액이나 자산총액보다는 길지 않지만, 1990년대부터 살펴보면, 1995~2000년에는 한국이동통신, SK텔레콤, 한통프리텔과 같은 이동통신 업체가 시가총액 상위 기업에 속해 있었다. 2000년부터 삼성전자가 부동의 1위를 유지하는 가운데, 2010년에는 차화정(자동차, 석유화학, 정유)의 시대답게 현대차, 기아차, LG화학이 시가총액 10위 이내에 들어왔다.

2010년 기준으로 현대중공업이 시가총액 4위 기업에 올랐는데, 30년 만에 도래한 선박 발주의 빅사이클을 맞이했기 때문이었다. 한번 만들어진 선박은 30년 정도 사용이 가능한데, 1970년대 오일쇼크 시기에 대량으로 건조됐던 선박의 수명이 다해 가고 있었다. 이들 선박에 대한 교체 수요와 중국의 경제 성장에 힘입은 원자재 운반 수요가 크게 늘면서 조선업은 유례없는 호황을 누렸다.

2015년에는 한류 화장품 시장이 각광받으며 아모레퍼시픽이 시가총액 5위에 올랐고, NAVER도 10위에 이름을 올렸다. 2020년에는 삼성바이오로직스, 셀트리온 같은 헬스케어 업체의 부상이 눈에 띈다. 카카오도 네이버에 이어 이름을 올리면서 인터넷 플랫폼 기업들이 부상한 것도 이때이다.

주식 시장에서 주도산업의 변화가 빠른 것 같지만, IT·자동차 업종의 시가총액은 여전히 견조한 흐름을 유지하고 있다. 그리고 새롭게 헬스케어, 인터넷 플랫폼 같은 산업들이 유망 업종으로 부상하고 있다. 조선·철강 업종에서 이들 업종으로 변화하는 시기는 대략 10년 정도가 걸린 셈이다.

해외의 주도산업 변화

글로벌 기업들에서도 주도산업의 변화는 나타난다. 『포춘Fortune』지가 집계해 발표하는 'Fortune Global 500' 기업 중 매출 상위 10위 이내 기업을 보면 1990년대는 미쓰비시Mitsubishi, 미쓰이Mitsui, 이토추Itochu, 스미토모Sumitomo 같은 일본의 종합상사 기업이 많이 있었다. 세계 경제가 글로벌화Globalization하면서 제조업 강국이었던 일본 제품들이 세계로 뻗어 나갔기 때문이었다.

2000년대 들어서는 제너럴 모터스General Motors(GM), 포드Ford, 토요타Toyota 같은 자동차 업체나, 엑슨 모빌Exxon Mobil, 로열 더치 셸Royal Dutch Shell, BP 같은 에너지 기업들이 주류를 이룬다. 유통 기업인 월마트Walmart가 2005년 이후 매출 1위를 유지하는 가운데 온라인 전자상거래 업체 아마존의 부상이 눈에 띄고, CVS 헬스Health나 유나이티드 헬스United Health 같은 의료 서비스 기업들이 새롭게 순위권에 들어와 있다.

표 4. Fortune Global 500 기업 중 상위 10대 기업(매출액 기준)

순위	1995년	2000년	2005년	2010년	2015년	2020년	2021년
1	Mitsubishi	General Motors	Walmart	Walmart	Walmart	Walmart	Walmart
2	Mitsui	Walmart	BP	Royal Dutch Shell	Sinopec	Sinopec	Stated Grid
3	Itochu	Exxon Mobil	Exxon Mobil	Exxon Mobil	Royal Dutch Shell	Stated Grid	Amazon
4	Sumitomo	Ford Motor	Royal Dutch Shell	BP	China Petroleum	China Petroleum	China Petroleum
5	General Motors	Daimler Chrysler	General Motors	Toyota Motor	Exxon Mobil	Royal Dutch Shell	Sinopec
6	Marubeni	Mitsui	Daimler Chrysler	Japan Post Hlds	BP	Saudi Aramco	Apple
7	Ford Motor	Mitsubishi	Toyota Motor	China Petrochemical	Stated Grid	Volkswagen	CVS Health
8	Exxon	Toyota Motor	Ford Motor	Stated Grid	Volkswagen	BP	United Health
9	Nissho Iwai	General Electric	General Electric	AXA	Toyota Motor	Amazon	Toyota Motor
10	Royal Dutch Shell	Itochu	Total	China Petroleum	Glencore	Toyota Motor	Volkswagen

자료: Fortune

　시계를 넓히면 시가총액을 기준으로 한 주도 업종의 변화도 잘 보인다. 오히려 매출액 기준보다 주도 업종의 변화가 더 잘 나타난다. 매출액은 기업이 기존에 영위하던 사업에서 주로 발생하지만 시가총액은 기업이 투자하고 있는 신사업에서 기대되는 매출이나 이익까지도 반영하기 때문이다.

표 5. 해외 시가총액 상위 10대 기업

순위	1997년	2001년	2006년	2011년	2016년	2021년
1	General Electric	General Electric	ExxonMobil	ExxonMobil	Apple	Apple
2	Royal Dutch Shell	Cisco Systems	General Electric	Apple	Alphabet	Microsoft
3	Microsoft	ExxonMobil	Microsoft	PetroChina	Microsoft	Alphabet
4	ExxonMobil	Pfizer	Citigroup	Royal Dutch Shell	Berkshire Hathaway	Amazon
5	Coco-Cola	Microsoft	Gazprom	ICBC	ExxonMobil	Meta
6	Intel	Walmart	ICBC	Microsoft	Amazon	Tesla
7	NTT	Citigroup	Toyota Motor	IBM	Johnson & Johnson	Berkshire Hathaway
8	Merck	Vodafone	Bank of America	Chevron	JPMorgan	TSMC
9	Toyota	Intel	Royal Dutch Shell	Walmart	General Electric	Tencent
10	Novartis	Royal Dutch Shell	BP	China Mobile	Wells Fargo	Nvidia

자료: KRX정보데이터시스템

시가총액으로 볼 때 1997년 시가총액 1위를 차지했던 제너럴 일렉트릭General Electric(GE)의 몰락이 가장 눈에 띈다. GE는 2016년 9위에 한 차례 이름을 올리고는 이내 사라져 버렸다.

GE는 1878년 토머스 에디슨Thomas Alva Edison이 설립한 전력기기 제조 업체이다. 미국의 대표적인 주가지수인 다우존스지수DJIA (Dow Jones Industrial Average)는 미국 증권거래소에 상장된 대표 기업 30개를 기준으로 지수를 산정하는데, GE는 DJIA의 터줏대감이었다. 하지만 GE는 2018년 6월 DJIA에서 제외되는 수모를 겪었다. 주력 사업부였던 Power, Oil & Gas 사업부의 실적이 악화되며, 주주에게 배당으로 나눠 줘야 하는 잉여현금이 줄어들었고, 이는 주가 하락으로 이어졌다.

GE가 물러난 1위 자리는 에너지 기업인 엑슨 모빌이 차지했다. 하지만 엑슨 모빌도 유가가 빠지고 신재생에너지 시장에 대한 관심이 커지면서 2016년 애플Apple에 1위를 내주었다.

애플은 2011년 아이폰 등으로 혁신의 바람을 몰고 오며 2위까지 올라왔고, 2021년 3분기까지 1위를 유지했다. 2021년의 순위를 보면 알파벳Alphabet(구글), 메타Meta(페이스북) 같은 인터넷 플랫폼 기업들이 대거 포진해 있다.

GE가 몰락했다고는 하지만 1997년 1위에서 2006년까지도 전 세계 시가총액 2위에 이름을 올리고 있었고, 애플도 2011년 2위에서 2021년 1위로 대략 10년 이상의 기간 동안 왕좌를 유지했다. 시가총액 상위 기업에 이름을 올리는 기업들과 그들이 속한 산업군은 적어도 10년 이상의 기간 동안 상위 레벨을 유지했다. 바로 그런 점에서 긴 안목에서의 투자가 필요한 것이다.

어디에
장기 투자할 것인가?

장기 투자할 대상은 어떻게 찾을까? 답은 우리의 일상에 있다.

코로나19로 생활의 변화가 일어나다

코로나19는 우리의 삶을 많이 바꿔 놓았다. 특히 코로나19가 아니었으면 할 수 없었을 특별한 경험들, 예를 들면 사회적 거리두기, 재택근무와 같은 것들을 경험했다. 코로나19 확산세가 다소 둔화되고, 사회적 거리두기도 완화되면서 다시 코로나19 이전의 일상으로 돌아가고 있다. 하지만 언택트 산업의 성장, 깨끗한 환경과 건강한 것에 대한 수요 확대와 같은, 코로나19로 경험해 본 좋은 현상들은 앞으로 오래 지속될 것이다.

코로나19는 산업 전반에도 많은 영향을 미칠 것이다. 대표적인 것으로 리쇼어링Reshoring의 확대, 언택트 관련 산업의 성장, 친환경에너지와 헬스케어 산업에 대한 관심 확대, 중계 채널 시장의 변화 등을 들 수 있다.

코로나19를 겪으며 각국은 국경을 봉쇄했다. 이로 인해 부품 조달에 차질이 생겼다. 특히 북미에서는 코로나19로 수요가 위축될 것이라 예상해 주요 제품을 수입하는 컨테이너 항구에서 하역 인력을 줄였다. 물론 코로나19 때문에 근무할 수 있는 인력이 줄어든 측면도 있다. 그런데 재택근무가 늘면서 집에 머무는 시간이 많아지다 보니 가구나 가전을 바꾸는 수요가 늘었다.

가구나 가전은 미국에서 직접 만들기보다 중국 등지에서 만들어서 컨테이너에 실어 미국으로 가져간다. 그런데 항구에서 이들 화물을 내릴 인력이 부족하게 되자 항구에 도착한 컨테이너 선박들이 짐을 내리지 못한 채 대기해야 하는 상황이 벌어졌다. 부품을 실어 날라야 할 배들이 운항하지 못하게 되자 부품 공급에 차질이 생기게 되고, 부품을 구하지 못한 공장은 멈춰 설 수밖에 없었다.

그러다 보니 코로나19 이후 북미를 중심으로 리쇼어링에 대한 관심이 높아졌다. 리쇼어링이란 해외에 진출한 국내 제조 기업들을 다시 국내로 돌아오도록 하는 정책이다. 저렴한 인건비 혜택을 보기 위해서 해외로 나간 국내 제조 기업들의 생산 시설을 국내로 돌아올 수 있도록 보조금이나 세제 혜택 같은 것들을 주는 것을 말한다.

전 미국 대통령 트럼프는 취임 이후 적극적으로 미국 기업들의 생산 시설을 자국으로 오게 하려는 리쇼어링을 추진했다. 미국의 경우 서비스업이 국가 GDP에서 차지하는 비중이 2017년 기준으로 80%에 달한다. 서비스업 중심의 경제 구조를 갖고 있다 보니 코로나19와 같은 감염병이 확산되자 성장률이 크게 위축되었다.

트럼프에 이어 바이든 대통령도 자국 내 제조업을 육성하고자 한국을 방문해 한국의 IT기업들이 미국에 적극 투자할 것을 요청하기도 했다. 앞으로 또 나타날 수도 있을 감염병의 확산에 대비해 자국 경제 내에 제조업 비중을 높이려는 노력을 하는 것이다.

언택트 산업도 코로나19를 겪으면서 더욱 성장했다. 언택트 산업이란 접촉을 뜻하는 Contact의 반대 의미로 비대면으로 이루어지는 산업을 말한다. 재택근무, 온라인쇼핑, 화상회의, 무인점포, OTT 서비스Over-the-top Media Service 확대 같은 것들을 언택트 산업이라 부른다. 언택트 산업은 언젠가 다가올 미래에 확산될 산업들로 여겨졌으나 코로나19를 겪으면서 예상보다 빠르게 다가왔다.

처음으로 접해 본 비대면 디지털 경험은 우리의 일상이 되고 있다. 집에서 즐길 수 있는 콘텐츠 수요가 늘어나고, 인터넷을 통해 방송 프로그램, 영화, 교육 등 각종 미디어 콘텐츠를 제공하는 OTT 서비스가 늘어났다. 넷플릭스에 올라온 「오징어게임」은 전 세계 시청률 1위를 기록하기도 했다.

또한 무인점포가 늘어나고, 화상·온라인 강의나 미팅이 활성화되며 플랫폼 시장이 커지고 있다. 금융업에서도 현금을 사용하지 않는 결제가 늘어나는 캐시리스 현상이 확산되고 있다. 이를 뒷받침하기 위해 데이터 센터에 대한 투자가 늘고, 정보통신 네트워크에 대한 투자도 확대되어야만 한다.

깨끗한 환경과 건강에 대한 수요도 늘어났다. 거리두기가 강화되면서 자연환경이 깨끗해지는 경험을 할 수 있었다. 미국 동부 지역의 이산화탄소CO_2 농도를 보여 주는 위성 사진은 코로나19 직전과 비교해 확연히 줄어든 모습을 보였다. 청정에너지를 사용하는 것이 얼마나 좋은지를 체감할 수 있는 시간이었다. 건강기능식품에 대한 수요가 확대되고, 헬스케어 데이터를 분석하고자 하는 니즈가 높아지고 있다. 장기적으로 웨어러블과 같은 디지털 헬스케어 시장이 확장될 것이며, 원격 의료 서비스가 활성화되고, 감염병 예방을 위해 깨끗한 물에 대한 수요가 커질 것으로 예상한다.

코로나19로 인해 오프라인 부문의 매출이 급격히 줄어드는 일이 발생했다. 영화관이나 대형 마트의 매출 부진이 이어졌고, 화장품 소매점, 은행 오프라인 점포도 줄어들었다. 또한 소비자와 생산자를 이어 주는 중계 채널에도 변화가 예상된다. 여행 업계는 해외 출장과 같은 상용 수요 대상으로 항공권과 호텔을 부킹하던 영업망이 축소되었다. 화상회의 등이 활성화되면서 해외 출장 수요의 많은 부분이 대체되기도 했다. 건설업에서도 사이버 모델하우스가 등장했고, 화장품·자동차 등의 온라인 판매도 늘고 있다. 택배나 배달 시장도 더욱 커졌다.

코로나19로 인한 생활의 변화가 산업의 변화를 만들어 내고 긴 그림에서의 중요한 트렌드를 형성하게 된 것이다. 앞으로 어떤 변화가 메인 트렌드로 등장할 것인지를 짚어 보는 것이야말로 장기 투자의 대상을 찾기 위한 좋은 방법이 될 것이다.

100년 전의 삶에서 미래를 예측하라

리처드 오버리Richard Overy가 편집한 『지도와 사진으로 보는 더 타임스 세계사』라는 책에는 다음과 같은 내용이 나온다.

세계는 역사상 최악의 경제 불황 늪에 빠졌다. 무역과 물가는 무너졌고, 수백만 명이 일자리를 잃었다. 정부가 경제 부흥의 책임을 떠맡으면서 이제까지의 경제 질서는 국가 개입으로 대체되었다. 동시에 경제 위기는 극단적 민족주의를 촉발함으로써 독재의 길을 열었다.

(중략)

주가 폭락은 뒤이은 세계적인 경기침체의 원인이자 증상이었다.

(중략)

불황의 여파는 서서히 나타났다. 국내 산업을 지키기 위해 전 세계적으로 보호관세가 부과되었다. 세계 무역은 이전 수준으로 회복되지 못했으며, 쌍무 무역 협정이 다자간 무역거래라는 자유주의 체제를 대체했다. 무역이 쇠퇴하자 국내 자원이 경제를 살리는 데 적극 활용되었다. 영국·스웨덴·독일·미국에서 국가 주도의 일자리 만들기 사업이 시작되어 수백만 실업자 가운데 일부를 흡수했다.

(중략)

심각한 경제 불황은 정치적 반발을 낳았다. 독일이나 일본처럼 경제가 더욱 취약한 나라의 급진적 민족주의자들은 이제까지의 자유주의적 자본주의 질서를 끝내고 경제 제국을 건설하자고 주장했다. 프랑스와 스페인에서는 경제 위기가 공산주의나 무정부주의를 자극하여 오랜 사회 갈등을 촉발했다. 유럽과 라틴아메리카 대부분에서 이제 어쩔 수 없이 경제 재앙과 결부되어 버린 의회주의 체제는 다양한 형태의 독재로 교체되었다.

1929~39년의 대공황에 대한 설명이다. 약 100년 전의 상황인데 어떤 면에서는 현재의 상황과 닮았다. 2018년 미국은 중국산 제품에 대해 고율의 관세를 부과하겠다고 한 데 이어 2019년 일본은 한국에 대해 불화수소 등 소재·부품·장비(소부장) 수출 규제를 발표했다. 보호무역이 확대되고, 전 세계가 인플레이션 상황에 직면해 경기 침체 우려에도 금리를 올려야 하는 2022년의 상황과 유사하다.

100년 전으로 거슬러 올라가면 지금과 닮은 상황이 또 있다. 스페인 독감이 유행해 수천만 명이 사망했고, 자동차라는 새로운 운송 수단이 전통 운송 수단이었던 마차를 밀어 내게 되었다. 에너지원도 석탄 중심에서 석유로 바뀌기 시작했고, 파시즘과 같은 포퓰리즘 정치인들이 등장해 세계대전이 일어났으며, 이후 세계는 미국과 소련의 대결 구도가 된 냉전시대에 들어갔다.

스페인 독감은 코로나19와 닮았다. 스페인 독감은 스페인이 발병지는 아니지만 1917년부터 1919년까지 전 세계에 퍼져 약 5,000만

명에 달하는 사람이 목숨을 잃게 된 큰 질병이었다. 병의 기원이 명확하지는 않지만 1917년 프랑스 북부 도시 에테플에 있던 영국군 임시 병원에서 발생했다는 설이 있다. 1918년 봄에 1차 유행한 이후 잠잠했다가 1918년 8월부터 겨울까지 독성이 더욱 강해져 대유행했다. 전 세계 평균 사망률은 3~5%였으며, 인도를 포함한 아시아 국가들의 피해가 컸다.

2020년 발생한 코로나19로 인한 전 세계 사망자는 2022년 6월 현재 634만 명이다. 유럽에서 강력하게 대유행하던 시기인 2020년 4월 코로나19로 인한 치사율은 7%까지 치솟았으며, 이후 오미크론 변이 등으로 바뀌면서 2%대로 떨어졌다. 스페인 독감만큼 강력한 치사율은 아니지만 코로나19는 전 세계인을 감염병의 공포에 빠지게 만들었다.

100년 전 마차 대신 자동차가 주요 운송 수단이 된 상황은 전기자동차나 도심형 항공 모빌리티UAM(Urban Air Mobility) 등으로 대체될 미래 운송 수단의 변화와 닮았다. 세계 최초의 증기자동차는 1770년 프랑스 공병대 대위였던 니콜라스 조셉 퀴뇨Nicholas Joseph Cugnot가 만들었으며, 세계 최초의 승용차는 1803년 영국의 광산 기술자인 리처드 트레비딕Richard Trevithick이 만들었다. 자동차 생산이 본격적으로 늘어나기 시작한 것은 1800년대 후반에 니콜라스 오토Nicolaus Otto, 고틀리프 다임러Gottlieb Daimler, 빌헬름 마이바흐Wilhelm Maybach, 카를 벤츠Karl Friedrich Benz와 같은 사람들이 자동차용 엔진을 개발하면서부터이다.

이때부터 그 전까지 주요 운송 수단이었던 마차와 새롭게 등장한 자동차 간의 경쟁이 치열해졌다. 마차는 증기기관차가 발명된 이후에도 말단 운송 수단으로서의 역할을 수행했으며, 1865년 영국에서는 '적기 조례'라는 자동차 규제를 도입해 자동차가 아예 도로 위에서 달리지 못하도록 하는 등 주요 운송 수단의 지위를 유지하기 위해 안간힘을 썼다.

하지만 미국의 포드가 컨베이어 방식을 도입해 자동차를 대량 생산하기에 이르자 마차는 경제성 측면에서 자동차에 밀려날 수밖에 없었다. 마차가 유지되려면 넓은 목초지와 농토 등이 필요해서, 대량으로 생산되는 자동차를 이기기 힘들 수밖에 없었다.

당시 미국에서는 전국적으로 말이 쉴 수 있는 공간은 만들어져 있었던 반면, 자동차의 연료를 공급할 수 있는 시설인 주유소가 없다는 이유로 마차가 계속 말단 운송 수단이 될 것이라는 의견이 있었다. 하지만 결국 자동차는 마차를 밀어냈다. 이는 마치 전기차가 널리 보급되려면 급속 충전 시설이 필요하지만 그런 시설들이 충분하지 못하기 때문에 확산되기에는 한계가 있다는 반발에 마주친 지금의 상황과 비슷하다.

오늘날 전 세계 에너지 소비의 30%를 담당하며 가장 많이 사용되고 있는 석유가 개발된 것은 1860년대이다. 19세기 후반까지 석탄의 대체 자원으로 사용되다가 19세기 후반에 미국이 석유 보일러 선박 개발에 성공하면서 중요한 에너지원이 되었다. 이후 석유는 자동차의 보급과 함께 널리 사용되기 시작했으며, 석탄 전함이 주류를 이루던 제1차 세계대전 시절에 텍사스 유전을 보유하고 있던 미국은 석유로 기동하는 전함을 개발해 군사적 우위에 서기도 했다.

아직도 여전히 석유는 전 세계 에너지의 대장으로 군림하고 있지만, 그 위상은 점점 약해지고 있다. 지구 온난화의 주범으로 몰리면서 여기저기서 사용을 제한하는 규제들이 등장하고 있기 때문이다. 100여 년 전 석탄을 몰아내고 에너지 대장의 자리에 올랐지만, 결국에는 태양광이나 풍력같이 온실가스를 배출하지 않는 에너지원에게 자리를 뺏길 것이며, 그게 언제가 될 것인지는 시간문제일 뿐이다.

포퓰리즘 정치인들의 등장까지는 아니더라도 러시아가 우크라이나를 침공하면서 신냉전시대 이야기가 나오고 있는 상황도 100년 전과 닮았다. 제2차 세계대전 이후 미국과 구소련이 대립하던 냉전시대는 1991년 구소련이 해체되면서 끝났다. 이후 세계는 미국이 세계의 경찰국가로 등장해 미국의 주도하에 안정적인 성장을 이끌어 왔다고 해도 과언이 아니다. 그러나 중국의 시진핑이 영구 집권을 꿈꾸기 시작하면서 미국과 중국의 갈등이 표면화되기 시작했고, 러시아의 우크라이나 침공을 계기로 전 세계는 미국-유럽과 러시아-중국이 대립하는 신냉전시대로 돌입하게 되었다.

"If history is any guide(역사가 길잡이라면)"라는 말이 있다. 100년 전에 발생했던 역사는 우리에게 세상이 어떻게 변할 것인지에 대한 힌트를 준다. 전염병으로 우리의 삶이 변화하고, 새로운 기술이 등장해 기존 기술을 대체해 가고 있으며, 주력 에너지원도 변해 갔던 인류의 역사는 미래에 대해 시사하는 바가 크다. 앞으로 우리 삶이 어떻게 변화해 갈 것인지를 살펴보는 것, 그것이야말로 장기 투자에 나서는 투자자의 첫걸음일 것이다.

큰 변화의 줄기, 메가트렌드를 찾아라

코로나19 이후 삶의 변화가 어떻게 진행될지 예단하기는 어렵다. 하지만 역사를 돌이켜보면 지금까지 우리 삶을 이끌어 왔던 메인 스트림은 결국 새로운 주도 세력에게 자리를 내주고 물러났다. 철기시대가 철이 없어서 끝난 것이 아니고, 석유시대가 석유가 고갈돼서 끝나는 것이 아니다. 새로운 기술이 등장하고 살아가는 사람들의 인식이 바뀌기 때문에 끝나는 것이다.

새로운 트렌드가 자리를 잡기까지 많은 현상이 나타날 것이다. 어떤 것이 메인 스트림이 되고, 어떤 것이 스쳐 지나가는 일시적인 현상들이 될지에 대한 나름의 판단과 주관이 필요한 시점이다. 메가트렌드라 불리기도 하는 큰 변화의 줄기에 대한 자료들을 많은 기관에서 발표하고 있다. 글로벌 대형 컨설팅 회사, 여러 싱크탱크think tank, 저명한 미래학자들이 2030년 또는 2050년까지의 메가트렌드라 이름 붙여서 발표하는 자료가 많기 때문에 서점이나 인터넷으로 이런 자료들을 접하기는 어렵지 않다.

몇 가지 예를 들어보면 2021년 전기전자공학 전문가들의 국제 조직인 IEEEInstitute of Electrical and Electronics Engineers에서 2021~30년의 메가트렌드를 발표했다. 아무래도 기술 진보가 가장 빠른 분야가 IT분야이다 보니 장기적인 트렌드에 대한 관심이 많을 수밖에 없다. IEEE는 메가트렌드 보고서에서 물질적 풍요Global Abundance, 수명 연장 Increased Lifespan 등 총 27가지의 주요 트렌드를 제시했다.

컨설팅 회사인 프로스트 설리반Frost & Sullivan도 2030년까지의 메가트렌드 13가지를 발표했다. 2012년 한국에서 열렸던 매경지식포럼에서 프로스트 설리반이 제시한 메가트렌드를 처음 들었는데, 그때까지만 해도 조선·기계 업종의 동향과 단기 전망만 분석했던 필자로서는 꽤나 신선한 충격을 받았다. 큰 틀에서 세상이 어떻게 변화해 갈 것인지, 그 근본에는 어떤 것들이 있는지를 염두에 두고 산업을 보는 것과 그렇지 않은 것은 큰 차이가 있다는 것을 알게 되었다. 그때부터 메가트렌드라는 것에 관심을 갖고 생각하게 되었다.

프로스트 설리반은 ①사회적 트렌드, ②연결과 융합Connectivity & Convergence, ③인지시대Cognitive Era, ④그린 스마트Smart is the New Green, ⑤새로운 비즈니스 모델New Business Models, ⑥경제 트렌드Economic Trends, ⑦제로 혁신Innovating to Zero, ⑧인프라 구축의 미래Future of infrastructure Development, ⑨소매업의 미래Future of Retail, ⑩에너지의 미래Future of Energy, ⑪건강과 삶의 질Health, Wellness and Well-being, ⑫도시화Urbanization(City as a Customer), ⑬운송 수단의 미래Future of Mobility를 메가트렌드로 제시했다.

이들 말고도 인터넷에서 검색어를 'Mega Trend'라고 입력하면 수십 가지의 관련 자료를 확인할 수 있다. 어떤 것은 메가트렌드가 맞고, 어떤 것은 단기에 그칠 현상인지에 대해 논의한다거나, 이들 각각에 대한 소개보다 어떠한 틀로 나만의 메가트렌드를 만들 것인가 하는 시각을 확립하는 것이 중요하다. 사실 조금만 자세히 들여다보면 용어만 다를 뿐 큰 틀에서는 대부분 비슷한 이슈들이다. 다만 앞서도 언급했듯이 일시적인 현상일지 아닐지, 메가트렌드를 구현하기 위한 일종의 도구가 되는 기술일지 아닐지에 대한 판단을 스스로 할 수 있으면 된다.

어렵고 복잡하게 생각하지 말고 우리가 살아가는 일상을 한 번 되짚어 보자. 아침에 눈을 뜨면 각자 하는 일들이 조금씩 차이는 있겠지만 대체로 샤워를 하고, 아침 식사를 하고, 날씨를 체크한 후 직장이나 학교로 향한다. 직장에서는 직장 동료들과 함께, 혹은 개별적으로 회사 업무를 보고, 학교에서는 수업을 듣는다. 일과를 마친 후 약속이 있으면 약속 장소에 가거나, 취미 활동을 하거나, 집에 돌아와 휴식을 취한다.

날씨가 좋거나 연휴가 긴 경우에는 나들이나 휴가를 간다. 여행을 계획한 경우라면 어디로 갈까? 어느 정도의 비용이면 적정할까? 등을 고민하고 여행지를 정해 여행을 떠난다. 여행지의 날씨가 좋아서 즐거운 여행이 되기도 하고, 날씨가 별로인 데다 돌아오는 날 태풍 때문에 비행기가 뜨지 못해 발을 동동 굴리는 경험도 할 수 있다.

매해의 일과가 쌓이면 일생이 된다. 결혼을 하고 아이를 낳고, 아이들을 키우고, 아이들이 다 자라 곁을 떠나면 여생을 어떻게 보낼까 고민할 것이다. 결혼 여부와 상관없이 부모로부터 독립을 하게 되면 주거 공간을 구해야 한다. 집값이 많이 오른다는데, 돈을 얼마나 대출 받아야 하고, 어떤 크기의 집을 어디에 구해야 할까? 집을 살 것인지, 임대를 할 것인지? 등의 고민을 하게 된다.

나의 오늘 일상이 10년 후에는 어떻게 달라질까? 나의 아이가 자라서 살게 될 10년 뒤 모습은 어떻게 될까? 등에 대한 상상들, 그 상상의 근간이 되는 것들이 바로 메가트렌드이다. 10년 후 우리의 일상은 로봇의 도움을 받게 되고, 여행은 해외를 넘어 우주로 갈 수도 있지 않을까?

우리가 살아가는 일상이 벌어지는 환경을 크게 3가지로 구분할 수 있다.

첫째는 물리적 환경 또는 자연환경이다. 우리가 살고 있는 도시, 넓게는 지구, 그리고 지구 밖의 우주라는 공간과 같이 실제로 존재하는 공간을 말한다.

둘째는 사회환경이다. 인간의 수명이 길어지고 노령화되면서 나타날 변화들이나, 도시로 인구가 몰리는 도시화가 진행되면서 나타날 변화들과 같이 사람이 다른 사람과 부대끼는 관계에서 형성되는 환경이다.

셋째는 경제환경이다. 사회환경처럼 다름 사람과의 관계에서 형성된다는 점에서 비슷하나, 물건이나 서비스를 주고받고, 그에 대한 대가로 금전이 오고가는 환경과 같이 경제적 의미를 담고 있는 투자환경을 말한다.

자연환경(생태환경): 기후 변화, 물 부족, 오염 그리고 우주

우리가 살아가는 자연환경은 끊임없이 변화한다. 단기간에 느끼기는 어렵지만 장기적으로는 크게 변화한다. 물리적 환경, 생태환경에서 나타나고 있는 큰 변화들에는 어떤 것이 있을까? 우리가 살고 있는 지구에서 앞으로 직면하게 될 일들, 그리고 지구라는 공간을 벗어나 인류가 지구 밖으로 나가서 살게 될 가능성은 없을까?

자연환경(생태환경)과 관련해 긴 그림에서 중요하게 다루어질 이슈들로는 기후 변화, 물 부족, 오염 그리고 우주가 있다. 온실가스로 지구가 온난화되면서 기후가 변화하고 있으며, 이를 막기 위한 많은 노력이 진행 중이다.

공기와 함께 없어서는 안 되지만 한편으로는 대수롭지 않게 취급되는 자원이 바로 물이다. 인류가 사용할 식수와 생활용수의 부족 문제도 시간이 지날수록 중요하게 다루어질 주제이다.

오염은 인류가 살아가면서 만들어 내는 환경의 악화를 의미한다. 오염은 식수와 생활용수의 부족 문제를 야기하기도 하지만 더 큰 재앙을 몰고 올 수 있다.

마지막 이슈는 우주이다. 인류가 우주에서 생활하는 일은 정말 먼 이야기이겠지만, 우주라는 공간을 효율적으로 활용하기 위한 인간의 기술 개발 노력은 앞으로도 오랫동안 지속될 것이다.

기후 변화는 우리의 일상과 밀접하게 연결되어 있다. 몇십 년 전까지만 해도 우리나라 날씨는 말 그대로 봄 여름 가을 겨울이 뚜렷했다. 그러나 요즘은 여름과 겨울만 뚜렷하게 더 길어지고 봄과 가을은 언제 왔다 갔나 할 정도로 아주 짧아졌다. 단지 계절의 변화만 과거와 달라진 것은 아니다. 이상기후 현상이 지구 곳곳에서 시시때때로 나타나고 있다.

2021년 2월 북미 전역에 최악의 겨울 폭풍이 몰아쳤다. 갑작스레 불어닥친 겨울 폭풍으로 겨울에 추워도 영상 5~10℃인 텍사스 일대가 영하 20℃까지 기온이 떨어지는 일이 발생했다. 겨울에도 날씨가 따뜻해 난방이라는 걸 모르던 지역에 갑작스럽게 한파가 몰아치면서 난방용 전력 수요가 크게 늘었다. 하지만 한파에 발전설비들이 동파되어 난방을 할 수 없는 상황이 되어 버렸다.

같은 해 7월 유럽에는 100년 만의 기록적인 폭우가 내렸다. 독일 서부와 베네룩스 3국 지역에 24시간 동안 100~150mm의 폭우가 쏟아졌는데, 이 지역의 7월 평균 강수량 87mm의 2배 가까운 비가 하루 동안 내린 것이다. 이 폭우로 150명이 사망하고 실종된 사람도 1,000명이 넘었다. 기상재해로 인한 경제적 손실 규모는 2000년 1,000억 달러(약 120조 원: 1달러=1,200원 기준. 2020~22년 평균환율. 이하 동일)에서 2017년에는 4,000억 달러(약 480조 원)까지 치솟았다. 우리 돈으로 1년에 500조 원 가까운 손실이 발생한 것이다.

이러한 기상 이변이 나타나는 가장 큰 이유는 지구 온난화 때문이다. 지구 온난화를 막기 위해 각국 정부는 탄소중립을 천명하고 여러 가지 규제를 쏟아 내고 있다. 기후 변화는 생태환경의 변화 가운데서 우리가 가장 직접적으로 체감하게 되는 메가트렌드라고 할 수 있다.

세계경제포럼은 2012년부터 물 부족 문제가 앞으로 인류에게 발생할 수 있는 최대 위험 가운데 하나라고 제시하고 있다. 지구의 70%가 물로 이루어져 있지만 이 중 97%가 바다이며, 사람이 마실 수 있고 생활용수로도 쓸 수 있는 담수의 비율은 2.6%밖에 되지 않는다. 담수 가운데서 인류가 이용할 수 있는 지하수와 표층수의 양은 전체 담수의 30.5%에 불과하다. 인구는 늘고 산업화되면서 물에 대한 수요는 늘어나는데, 쓸 수 있는 담수의 양은 제한적이다 보니 물 부족 문제가 커질 수밖에 없다. 전 세계 인구의 1/3인 약 20억 명이 1년에 한 달 정도는 심각한 물 부족 상태에서 살아가고 있으며, 약 5억 명의 사람은 1년 내내 심각한 물 부족 현상을 경험하며 살아가고 있다고 한다.

물 부족 문제에는 수질 오염이 심해지는 것도 영향을 미친다. 산업화로 인한 수질 오염과 정수·하수 처리 시설의 미비, 노후화 등으로 수질 오염이 심해지고 있다. 매년 500만 명 이상이 수인성 질병으로 사망한다는 추정치도 있다. 오염은 수질 오염에만 국한하지 않는다. 물뿐만 아니라 대기나 토양에도 유해하거나 부정적 영향을 미치는 물질이 유입될 수 있다.

인구가 증가하고 산업이 발달하면서 자원의 사용이 증가하게 되고 각종 폐기물이 발생하게 된다. 코로나19를 겪으면서 배달음식의 수요가 늘어났는데 그만큼 각종 음식물 포장재가 늘면서 폐기물도 늘어났다. 2020년 한 해에만 국내에서 코로나19 영향으로 생활폐기물이 2019년보다 6.5%나 늘었다. 이는 이전 10년간의 증가율 중 가장 높은 수준이다.

폐기물은 재활용하거나 소각 또는 매립하게 된다. 매립해야 하는 폐기물은 다른 나라로 보내기도 했으나, 각국의 규제 정책이 강화되면서 폐기물의 수출입이 축소되고 있다. 재활용하는 비율이 2020년 우리나라 기준 87%를 차지하지만, 폐기물의 양이 늘면서 폐기물 처리단가는 빠르게 오르고 있다. 인류가 지구에 살고 있는 한, 발생하는 폐기물을 처리하고 깨끗한 물을 만들어 내는 사업들은 계속 성장할 수밖에 없다.

지구가 너무 더러워져서 살 수 없게 되면 어떻게 될까? 영화 「인터스텔라」의 배경은 식량난과 환경 변화로 인류가 더 이상 지구에서 살기 어려워진 가까운 미래이다. 토지는 황폐해지고, 병충해로 인해 재배할 수 있는 작물도 옥수수밖에 없다. 인류를 구하기 위해 주인공 조셉 쿠퍼는 우주로 향한다.

테슬라 소유주인 일론 머스크가 그리는 그림도 이와 비슷하다. 그는 지구인들을 화성에 이주해 살도록 하겠다는 계획을 밝혔다. 그리고 열심히 로켓도 만들고, 우주선도 만들어서 인류가 지구 밖으로 나가 살 수 있도록 계획을 추진하고 있다. 먼 미래에 인류가 머물 수 있는 공간이 지구 이외에 우주로 확장되고 있는 것이다.

허황되고 공허한 상상이 아니라 실제로 이런 일들을 구체화하기 위한 투자가 이루어지고 있고, 성과도 나오고 있다. 우주 비행사가 아닌 일반인들이 우주여행은 물론 국제 우주 정거장에서 열흘 이상 머물고 오는 일이 현실이 되고 있다. 달 탐사를 위해 미국 등 여러 국가가 협조하고 있고, 화성으로 탐사선이 날아가 화성에 대한 정보도 수집하고 있다.

지구인이 나가 살게 될 거주 공간으로서의 우주가 아니더라도 우주는 인류에게 많은 편의를 제공해 줄 것으로 보인다. 스페이스X SpaceX나 원웹OneWeb 같은 기업들은 전 세계 어디서나 인터넷에 연결될 수 있게끔 위성을 쏘아 올리고 있고, 쏘아 올린 위성이 군집을 형성하게 되면 정보통신이 지금보다도 더 빨라지게 된다. 운행 중인 자동차에 앉아 여유롭게 TV를 볼 수 있는 자율주행, 심지어는 우주에서 생산한 전기를 지구에서 받아서 사용하는 일이 모두 우주라는 공간의 도움을 받아 점점 현실이 되어 갈 것이다.

사회환경: 고령화, 새로운 세대, 도시화

자연환경(생태환경) 안에서 다른 사람들과 소통하고, 문화와 문명을 일구어 가면서 맞닥뜨리는 환경이 사회환경이다. 사회환경과 관련해서 주목해 볼 만한 이슈는 인구 구조적인 측면에서 고령화와 새로운 세대New Generation의 등장을 들 수 있으며, 도시의 모습도 시간이 지날수록 변해 갈 것이라는 점에서 도시화Urbanization를 들 수 있다.

고령화 또는 노령화라고도 불리는 이 현상은 노령 인구의 비율이 높아져 가는 모습을 말한다. 인간의 평균 수명이 늘어나고, 태어나는 아이들이 줄어들면서 나타난다. 2018년 전 세계 인구 가운데 65세 이상의 인구가 5세 미만의 인구를 처음으로 추월했다. 2050년에는 65세 이상의 인구가 2019년 대비 2배 이상 늘어날 것이라고 한다. 특히 이러한 현상은 선진국에서 두드러지다 보니 선진국을 중심으로 헬스케어, 실버 산업 등이 더욱 커지게 될 것이다.

새로운 세대는 어떤 특징을 갖는지에 대한 분석도 앞으로 오래도록 이어질 것이다. 지금은 MZ세대라고 불리는 밀레니얼 세대와 Z세대를 통틀어 지칭하는 세대가 화두가 되고 있지만 예전에는 X세대, Y세대라고 불리는 세대가 있었다. MZ세대의 특징을 몇 가지 키워드로 이야기하기는 어렵겠지만 모바일, 커머스, SNS, 배송 문화, 구독경제, 플렉스 등으로 표현할 수 있다. 이들의 관심은 미래 산업의 방향성을 결정짓는 요인이 될 것이다.

도시화란 도시에 모여 사는 인구의 비중이 늘어나고, 이에 따라 지역적·사회적으로 변화되는 모습을 말한다. 보통 도시에 사는 인구의 비율로 도시화율을 나타내고, 이 지표로 도시화가 얼마나 진행되었는지를 파악한다. 전 세계를 기준으로 1800년에는 도시화율이 1.7%였는데, 1950년에는 29.6%까지 올라왔으며, 2020년의 전 세계 도시화율은 56.2%이다. UN은 2030년에는 전 세계 도시화율이 60.4%로 60%를 넘을 것으로 전망하며, 2050년에는 68.4%까지 높아질 것이라 보고 있다.

도시화율이 높아질수록 도시의 모습은 많이 바뀔 것이다. 스마트시티Smart City가 자주 언급되는데, 스마트시티는 도시의 경쟁력과 삶의 질을 높이기 위해 건설·정보통신기술ICT 등을 통해 융·복합된 도시 기반시설을 만들고, 이를 이용해 다양한 도시 서비스를 제공하는 것을 말한다. 교통 및 운송 시스템, 발전소, 수자원, 폐기물 처리 등의 많은 영역이 디지털화되어 실시간으로 관리되는 동시에 효율성도 극대화할 것이다. 이미 서울 등 국내 일부 도시에서는 스마트시티 종합 계획을 수립하고 실행해 가고 있다.

경제환경: 저성장, 불평등, 보호무역

경제환경 가운데는 저성장, 불평등, 보호무역 등이 장기적으로 이 슈가 될 수 있는 것들로 여겨진다. 경제 규모가 커지면 경제가 성장 하는 속도는 느려지게 마련이다. 2000년대 중국이 세계의 공장으로 등장하면서 세계 경제는 4%대의 고성장 시기를 누렸지만, 앞으로 세 계 경제는 3%대 성장을 예상하고 있다. 2000년대 10% 이상의 성장 을 누렸던 중국의 성장률도 이제는 6% 성장률을 걱정해야 하는 상황 이다. 주요 국가들의 연평균 성장률을 장기간의 시계열로 구해 보면 3%를 넘기 어렵다.

경제 규모가 커지기 때문에 경제가 굴러 가는 속도가 느릴 수밖에 없다. 1980년대에 세계화가 진행되면서 고성장을 구가했고, 그보다 훨씬 전인 1900년대로 돌아가 보면 산업혁명이 고성장을 이끌었다. 저성장 전망이 강해질수록 산업혁명시대와 같은 성장의 드라이버를 찾게 되고, 그런 열망이 제4, 제5의 산업혁명이라는 이름으로 나타나 기를 희망하고 있다.

경제가 저성장하게 되면 불평등에 따른 이슈도 불거질 것이다. 과 거에는 불평등이 경제 성장에 긍정적이라는 의견도 있었으나, 불평 등은 경제 성장을 저해한다는 의견이 더 강하다. 특히 토마 피케티 Thomas Piketty는 17세기 이후 자본소득이 경제 성장률보다 더 빠르게 커지고, 부가 세습되기 때문에 부의 불평등이 심화된다는 것을 데이터로 보여 주기도 했다. 개인 간의 불평등뿐만 아니라 국가 간의 불평등 문제도 대두될 것이다. 특히 코로나19를 겪으면서 선진국과 개발도상국 간의 불평등은 더욱 심화되었다는 평가가 많다.

코로나19를 겪으며 전 세계 공급망에 차질이 발생했다. 대표적인 것이 차량용 반도체이다. 차량용 반도체 수급이 어려워지면서 자동차 생산도 미루어지고, 자동차를 사겠다고 계약한 뒤 실제로 받기까지 1년을 기다려야 한다는 말도 나온다. 이미 2008년 금융위기를 겪으면서 각국은 자국에 제조업이 있어야 한다는 사실을 절감했다. 해외에 있는 자국 기업의 공장을 다시 본국으로 불러들이려는 리쇼어링 움직임이 일어나고 있었는데, 코로나19가 이런 분위기를 더 강화시켰다. 자국 경제를 활성화시키기 위해서 자국의 고용을 늘리고, 제조업을 불러들이며 보호무역은 더욱 강화될 것이다.

투자가 유망한 메가트렌드, 우주와 신재생에너지

여러 메가트렌드 중에서 투자가 유망한 분야는 어디일까? 먼저 투자가 유망하다는 의미는 뭘까? 투자가 유망하다는 것은 내가 투자한 자금이 미래의 어느 시점에 더 늘어나 있을 것이라는 의미이고, 유망한 분야라는 것은 다른 분야에 투자했을 경우 얻을 수 있는 수익률보다 더 높은 수익률이 되어 있을 가능성, 확률이 높다는 의미이다.

성장 잠재력이 높아야 하고, 높은 성장 잠재력을 보고 우수한 인력들이 산업에 들어와 끊임없이 기술 혁신을 하고, 혁신된 기술이 진입 장벽을 높여 관련 기업들이 초과수익을 누릴 수 있게 되는 분야가 투자가 유망한 분야일 것이다.

시계를 약 10년 전으로 돌려보자. 2010년으로 돌아가 국내 주식 시장에서 종목을 선택한다면 어떤 선택을 했을까? SK하이닉스, 네이버, 현대자동차, 포스코 이렇게 4개의 보기가 주어졌다고 가정해 보자. 이들 네 종목은 2021년 말 기준 시가총액으로 국내에서 20위 이내에 있는 기업들이다.

2010년 SK하이닉스는 사상 최대 실적을 기록하긴 했지만, 2008년과 2009년 2년 연속 순이익이 (-)인 적자 상태가 지속되었고, 다시 2011년과 2012년 적자를 기록하는 등 실적이 그리 좋은 편은 아니었다. 여기에 2009년부터 해외 기업에 인수될 것이라는 등 피인수설이 계속 나오고 있었다. 2011년의 시가총액은 2010년보다 9% 정도 떨어졌다.

2012년 SK그룹에 인수된 뒤 2013년 경쟁사인 엘피다가 파산하면서 승자독식의 시대가 열렸다. 2013년 흑자전환에 성공한 데 이어 2018년에는 20조 원 이상의 영업이익을 기록하기도 했다. 2010년에 SK하이닉스를 산 투자자라면 2011년에 투자원금이 줄어들어 마음고생을 했을 수는 있으나, 2020년까지 10년을 보유했다면 6배의 수익률을 기록했을 것이다.

네이버는 2010년 이전 실시간 검색 순위 서비스, 네이버 지도 등의 서비스를 제공하며 국내 1위의 검색엔진으로 자리매김했다. 네이버의 매출은 2010년 1조 3,125억 원에서 2013년 2조 3,120억 원으로 2배 가까이 늘었지만, 영업이익은 6,000억 원 전후 수준에 머물렀으며 오히려 2011년보다 더 줄었다. 그러나 2013년 네이버와 NHN엔터로 분할하면서 주가는 2010년 대비 2배 이상 올랐다. 이후 네이버의 시가총액은 이 수준에서 등락을 반복하다가 2020년 코로나19로 인해 언택트 종목에 대한 관심이 커지면서 2020년과 2021년 주가가 크게 올랐다. 2010년부터 보유한 투자자였다면 SK하이닉스에 버금가는 수익률을 올렸을 것이다.

현대자동차나 포스코의 주가는 어땠을까? 현대자동차는 2010년 주식 시장 호황을 이끈 대표 주자였다. 2010년 영업이익은 2009년보다 44%나 늘었고, 2011년에는 영업이익이 8조 원까지 늘었다. 2010년 대비 5조 원가량 늘어난 것이다. 제네시스 등의 신차 효과와 해외에서 호평을 받으며 점유율이 크게 늘어난 점이 실적 개선으로 이어졌다. 2010년부터 2013년까지 주가는 30% 이상 올랐다. 그러나 거기까지였다. 매출은 조금씩 늘었지만 영업이익률이 낮아지면서 주가가 내려가기 시작했다. 2019년 실적 개선에 성공하면서 주가가 다소 반등했지만, 2010년에 투자한 투자자라면 10년간 약 15%의 수익률을 거두는 데 그쳤을 것이다.

포스코의 상황은 더 좋지 않았다. 포스코는 국내 철강시장 1위의 점유율을 계속 유지했지만 저렴한 중국산 철강 제품의 유입 등으로 2010년부터 2015년까지 영업이익은 매년 줄어들었다. 2010년 5조 원이었던 영업이익은 2015년 2.4조 원까지 줄었다. 주가도 계속 떨어져 2015년 포스코의 시가총액은 2010년의 1/3 수준까지 줄었다. 다행히 2016년과 2017년 원자재 가격 상승, 중국의 수출 규제 등으로 시가총액이 다시 회복되긴 했지만 2021년 말 시가총액은 2010년 말의 58%에 그쳤다.

4개의 기업을 비교해 보면 장기적으로 투자가 유망한 분야를 어떻게 가를 수 있는지에 대한 답을 찾을 수 있다. 2010년 이후 IT와 인터넷 기업은 높은 성장세를 유지했지만, 자동차와 철강 산업은 그렇지 못했다. 다시 한 번 이야기하지만 투자가 유망한 분야는 성장 잠재력이 높아야 하고, 높은 성장 잠재력을 보고 우수한 인력들이 관련 산업에 들어와, 끊임없이 기술 혁신을 하는 분야이다. 이렇게 완성된 기술 혁신은 다른 기업들이 그 산업에 들어오는 것을 막고, 그 산업에 들어와 있던 기존 기업들이 다른 산업보다 높은 수익을 거둘 수 있게 한다.

지나간 것은 지나간 것이고, 앞으로 투자가 유망한 분야는 어디가 될 것인가? 앞서 설명했던 메가트렌드를 투자가 유망한 분야 관점에서 살펴보면 우주와 신재생에너지를 꼽을 수 있다. 우주와 신재생에너지는 언뜻 보면 별 연관성이 없어 보인다. 하지만 둘은 서로 연관된 점이 많으며, 서로 도움을 주며 발전할 수 있는 분야이다.

지구가 온난화되면서 나타나는 이상 기온 현상들은 우리가 지구에 얼마나 오랫동안 살 수 있을까? 하는 의문을 던졌다. 앞서도 말했던 영화 「인터스텔라」는 우주 비행선이 놓인 서고 위에 흙먼지가 날리는 장면으로 시작한다. 병충해 때문에 밀을 모두 불태우고 옥수수를 심었지만, 매일 거세게 불어오는 모래바람 때문에 인류가 더 이상 지구에서 곡물들을 재배할 수 없는 상황에 놓이게 된다. 재정적인 어려움 가운데서도 인류가 이주할 새로운 공간을 찾기 위해 주인공 쿠퍼를 비롯한 우주 비행사들이 우주로 나서게 된다.

2015년 프랑스 파리에서 200여 개국의 정상들이 모여 지구 온난화를 막자고 합의했다. 산업화 이전과 비교해 지구의 온도 상승 폭이 2℃를 넘지 않도록 노력하자는 것이었다. 가능하다면 2℃가 아닌 1.5℃로 상승폭을 낮춰 보자고 했다. 그리고 2021년까지 각국은 어떻게 그 목표를 달성할 것인지에 대한 구체적 계획들을 제시했다. 지구가 온난화되는 주 이유는 CO_2 때문인데, 2050년 빠르면 2040년까지 탄소 배출량을 0으로 만들겠다는 계획들을 낸 것이다. 이를 탄소중립 목표라고 한다.

CO_2가 많이 배출되는 에너지원은 사용을 줄여 나가야 한다. CO_2는 석유나 석탄에서 많이 나온다. 석유는 우리가 타는 자동차에 많이 사용되다 보니 전기자동차, 수소차 같은 것으로 운송 수단을 바꿔야 한다. 석탄은 전기를 만드는 데 주로 사용되는데, 석탄을 사용하는 화력발전소를 줄이고 태양광이나 풍력처럼 신재생에너지로 전기를 만들어야 한다. 전기자동차도 결국 전기로 구동하니까 전기자동차가 쓸 전기도 신재생에너지로 만들어야 한다. 지구 온난화로 생기는 이상기후와 그로 인한 피해를 줄이기 위해 결국 신재생에너지로 투자가 집중될 수밖에 없다.

지구 온난화로 더 이상 인류가 지구에서 살 수 없게 되었을 때를 대비해 우주에 새로운 거주지를 만들어야 한다고 이야기하는 사람이 있다. 바로 일론 머스크이다. 그는 화성으로 인류가 이주해 살 수 있다고 하면서 화성으로 가자고 한다. 그는 다른 누구보다도 열심히 우주로 가는 로켓도 개발하고 있고, 우주선도 만들었다.

일론 머스크와 경쟁적으로 우주 사업을 추진하고 있는 사람이 있는데, 아마존의 창업자 제프 베이조스이다. 둘은 우주 개발 회사를 설립해 어떤 때는 서로 칭찬하고 어떤 때는 서로 비난하면서 인류의 우주 탐사 수준을 한 단계 끌어 올렸다.

1994년과 2003년에 각각 창업해 전 세계의 이목을 끌고 있는 아마존과 테슬라를 이끄는 두 인물이 지금은 우주에 투자를 하고 있다. 기존에 없던 새로운 세계를 만들어 본 경험이 있는 두 조만장자가 관심을 갖고 그들이 보유하고 있는 자산을 아낌없이 우주 산업에 쏟아붓고 있다.

제프 베이조스는 어린 시절 인류가 달에 착륙하는 것을 보면서 우주 산업이 꿈이 되었다고 말하고, 일론 머스크는 화성에 가서 살자며 우주 산업을 추진하고 있다. 남들보다 한 발 앞서 온라인 쇼핑몰을 만들고 전기차 회사를 설립해 큰돈을 번 그들이 우주에 집중하는 이유는 성장 잠재력이 무궁무진하다고 깨달았기 때문은 아닐까?

한국의 우주 산업은 2022년 한국형 발사체 누리호의 시험발사에 성공하면서 전 세계의 주목을 받았다. 전 세계에서 일곱 번째로 우주 발사체를 개발한 국가가 되었다. 그렇지만 한국의 우주 산업은 아직

걸음마 단계에 불과하다. 우주 관련 기업은 380여 개에 불과하고, 벤처 투자를 받은 스타트업도 2022년 현재 7개밖에 되지 않는다.

하지만 전 세계적으로 우주 관련 스타트업이 많아지고 있고, 이들에게 투자되는 금액도 커지고 있다. 미국 시장조사 회사인 브라이스테크BryceTech가 발표한 자료에 따르면 2021년 한 해 동안 전 세계 우주 기업에 투자된 자금은 150억 달러(약 18조 원)로 2020년 77억 달러(약 9조 원)에서 2배 가까이 늘었다. 우주 관련 스타트업도 2022년 2월 현재 미국에만 340여 개가 있고, 중국에도 2020년 현재 100여 개 이상이 설립되었다고 한다. 이는 우주 산업에 인력들의 유입이 많다는 의미이다.

신재생에너지도 마찬가지이다. 태양광에너지의 전력효율을 극대화하기 위해 다양한 소재가 개발 중이다. 특히 태양광 셀의 발전 과정은 반도체 칩의 발전 과정과 유사하다. 짧은 시간에 칩 성능이 빠르게 개선되고 있는데, 그만큼 우수 인력이 많이 참여하고 있기 때문이다. 여기에 진입 장벽도 더욱 높아져 가고 있다. 2010년대 호황을 보였던 풍력 산업은 소수 업체가 과점하는 시장으로 바뀌고 있다. 태양광도 상위 기업들의 점유율이 날로 높아지는 추세이다. 기업들의 초과이윤이 커져 가는 여건이 만들어지고 있는 것이다.

우주와 신재생에너지 두 분야에서 차이점이 있다면 투자에 적극적으로 나서는 주체가 누구냐 하는 것이다. 신재생에너지는 정부가 투자의 주체가 되는 반면, 우주는 정부가 여전히 주도하고 있지만 최근에는 민간의 등장이 심상치 않은 상황이다.

신재생에너지는 각국 정부가 앞장서서 규제를 도입하거나, 투자를 촉진하기 위해 보조금 같은 지원책을 내놓기도 하고, 인허가 등이 필요하기도 해 정부 주도로 대규모 프로젝트가 진행된다. 우주는 미국의 NASA나 중국의 CNSA 같은 정부 기관들이 대규모 투자를 여전히 진행하고 있지만 제프 베이조스나 일론 머스크 같은 조만장자들이 대규모 투자에 나서면서 과거와는 다른 기술의 진보를 이루어 냈다. 앞으로도 우주 산업은 민간이 주도하는 영역이 될 것이다.

우주와 신재생에너지 간의 시너지 창출도 기대된다. 우주 궤도를 돌고 있는 위성의 주요 에너지원은 바로 태양광발전이다. 태양광발전 기술이 향상될수록 위성의 수명이나 위성이 할 수 있는 일의 크기가 달라질 수 있다. 또한 지구상에서 태양광발전을 하는 경우 태양에너지가 지표면에 닿기까지 반사되거나 대기에 흡수되는 양이 많다. 그런데 우주에서 직접 태양광발전을 하면 태양에너지를 전기에너지로 더 많이 변환할 수 있다. 우주에서 태양광으로 생산한 전기를 지표면으로 보내면 태양광발전 효율도 더 높아질 수 있다.

무궁무진한 성장 잠재력을 갖고 있는 우주와 신재생에너지에 대해 좀 더 깊이 이해해 보자.

PART I

우주 산업
미래 산업혁명을 이끌 뉴 스페이스 산업

산업혁명이라 하면 18세기 중반에서부터 19세기 초반까지 영국에서 시작된 일련의 기술 혁신과 새로운 제조 공정으로의 전환, 그리고 이로 인한 사회·경제 등의 큰 변화를 말한다. 제임스 와트가 증기기관을 발명하면서 나타난 기계화혁명이 1차 산업혁명, 19세기에서 20세기 초반까지 전기에너지를 바탕으로 한 대량생산혁명을 2차 산업혁명이라고 한다. 그리고 20세기 후반에 나타난 컴퓨터와 인터넷 기반의 지식정보혁명을 3차 산업혁명이라 부른다.

4차 산업혁명은 지식정보혁명에 인공지능과 빅데이터 등의 정보가 더해져 지능정보혁명이라고 한다. 우주 산업은 4차 산업혁명을 완결시킬 산업이라 부를 수 있고, 지능정보혁명을 넘어서 인류의 생활공간을 우주로까지 넓히게 된다면 5차 산업혁명을 이끌 산업이라고 할 수 있다. 앞으로는 우주의 도움 없이 새로운 산업혁명을 이루어 내기란 불가능해 보인다.

우주 산업에 대한
이해와 미래 전망

우주 산업이란?

어떤 산업을 이해하고자 할 때는 그 산업이 만들어 내는 제품이나 서비스가 무엇인지를 정확히 아는 것이 중요하다. 예를 들어 자동차 산업이라고 하면 우리가 타고 다니는 자동차를 만드는 산업인데 일상에서 자주 접하다 보니 자동차라는 제품은 이해하기가 쉽다. 하지만 잘 모르는 분야의 경우에는 그 산업이 만드는 제품이 무엇인지를 알아야만 한다. 그리고 자동차를 안다고 해도 세부적으로 들어가면 승용차, SUV 혹은 내연기관차, 전기차 등 다양한 종류가 있는 만큼 각 제품의 차이를 알아야만 한다. 그래야 자동차 산업과 자동차 제조 기업의 미래를 예측하고 투자할 수 있다.

그런 의미에서 우주 산업을 이해하기 전에 우주 산업에서 이야기하는 우주란 무엇인지부터 살펴보자. 우주를 위키백과에서 찾아보면 '과학적으로 또는 철학적으로 존재하는 모든 만물의 근원'이라고 정의한다. 표준국어대사전에서도 '유한한 시간과 만물을 포함하고 있는 끝없는 공간의 총체'로 정의한다.

2021년 과학기술정보통신부가 발간한 『2020 우주개발백서』에서 우주 산업이 영위하는 우주라는 공간에 대해 다음과 같은 정의를 내렸다. 우주는 유니버스Universe와 아우터스페이스Outer Space의 의미가 뒤섞여 사용되는데, 우주 산업에서 말하는 우주는 아우터스페이스라고 본다. 아우터스페이스는 '모든 행성과 별이 있는 지구 대기권 밖의 영역'을, 유니버스는 이보다 좀 더 큰 개념으로 '지구, 행성, 별들을 포함하여 모든 공간과 그 공간 안에 있는 모든 것'을 말한다.

직관적으로 위성이 떠다닐 수 있는 공간을 우주라고 보면 되는데, 지구 대기권 밖의 영역이라고 해서 쉬운 문제는 아니다. 여기서 잠깐 뜬금없이 우리나라 헌법에 나온 대한민국 영토 이야기를 꺼내 보면, 우리나라 헌법 제3조는 '대한민국의 영토는 한반도와 그 부속도서로 한다.'라고 되어 있다. 영토란 한 국가의 통치권이 미치는 구역으로 토지뿐만 아니라 영해와 영공까지 포함한다. 영공은 영토와 영해 위의 하늘인데, 그럼 어디까지를 영공으로 봐야 할까?

1967년 10월 10일 발표된 국제우주조약Outer Space Treaty에서는 우주는 어느 나라도 소유할 수 없고, 평화적 용도로만 사용해야 한다고 정의한다. 영공의 고도가 결정되어야 특정 국가에 속하지 않는 자유로운 우주 공간의 범위가 비로소 결정될 수 있다.

통상 해발 100km 고도 부근을 우주의 경계로 결정한다. 이 구간을 카르만 라인Karman Line이라고 부르는데, 헝가리 출신의 미국 과학자 시어도어 폰 카르만Theodore von Karman이 해발고도 100km 구간은 대기가 너무 희박해 공기 역학적 비행을 할 수 없는 높이라는 것을 찾아낸 데서 비롯한다.

우주 산업에 대한 정의는 다양하다. 『2020 우주개발백서』에서는 우주 개발을 '로켓, 인공위성 등을 이용해 지구를 비롯한 여러 천체를 조사하고 연구하여 인류 생활에 도움이 되는 기술을 개발하는 일'로 정의한다. 우리나라 우주 개발을 관할하는 '우주 개발 진흥법'에서는 우주 개발을 '인공위성, 우주 발사체 등 우주 물체의 제작 발사 등에 관한 기술 개발 및 연구 활동과 이를 활용한 우주 공간의 이용 및 탐사를 촉진하기 위한 제반 활동'으로 정의한다. 위키백과에서는 '지구의 궤도를 넘어서는 제조 부품과 관련한 경제적 활동'이라고 정의한다.

다양한 정의가 있겠지만, 우주 산업은 우주라는 공간을 이용하거나 이용하기 위한 제반 활동이라고 보면 될 듯하다. 우주라는 공간에 위성이나 로켓을 쏘아 올릴 뿐만 아니라, 위성이 보내 주는 신호를 받기 위해 지상에 설치되어야 하는 기지국 같은 것도 모두 우주 산업의 영역에 속한다.

우주 산업은 크게 위성 제작 분야, 발사 산업 분야, 지상장비 분야, 위성 서비스 분야로 구분한다. 위성 제작 분야는 위성과 위성에 사용되는 부품을 만드는 분야를 말한다. 발사 산업 분야는 위성을 우주로 보내기 위해 발사체를 제작하고, 발사 서비스를 제공하는 분야를 말한다. 지상장비 분야는 쏘아 올린 위성이 보내 주는 데이터를 받을 수 있게 지상에 네트워크를 구축하고, 신호를 주고받을 수 있는 안테나, 통신 장비 등을 제작하는 분야를 말한다. 마지막으로 위성 서비스 분야는 위성이 보내 준 정보를 활용해 위성방송이라든가 인터넷, 위성항법 등의 서비스를 제공하는 분야를 말한다.

우리가 운전할 때 목적지까지 길 안내를 해 주는 내비게이션을 예로 들어보자. 내비게이션은 GPSGlobal Positioning System라고 하는 위성항법 시스템을 이용해 자동차와 위성이 신호를 주고받으며 우리를 목적지까지 안내해 준다. 위성항법 시스템은 최소 4기의 위성으로부터 전파를 수신하고, 위성이 보내 주는 전파가 수신기에 도달하기까지의 시간을 측정해 사용자의 위치를 구한다.

위성항법 서비스를 사용하려면 먼저 4기의 위성을 만들어야 한다(위성 제작). 그리고 이 4기의 위성을 로켓에 실어 일정 궤도의 우주로 보내야 한다(발사 산업). 그렇게 우주 궤도에 올라간 위성은 지상으로 전파를 보내고, 지상에서는 이 전파를 수신한다. 그러려면 당연히 지상에 통신장비가 필요하다(지상장비). 그리고 그렇게 수신한 정보를 우리가 보기 좋게 바꿔서 쉽게 이용할 수 있도록 내비게이션 앱에 서비스를 제공하는(위성 서비스) 것이다.

우주 산업에서 말하는 위성은 인공위성을 말한다. 위성은 자연위성과 인공위성으로 나뉘는데, 자연위성은 행성 등의 둘레를 도는 천체를 말한다. 인공위성은 위성이 비행하는 궤도의 고도에 따라 정지

위성·이동위성으로 구분하고, 사용하는 목적에 따라 통신위성·방송위성·기상위성·과학위성·항해위성·지구관측위성·기술개발위성·군사위성 등으로 구분한다.

인공위성의 구조는 크게 본체와 탑재체로 구분한다. 본체는 버스라고도 부르는데, 기본적으로 위성을 움직이는 역할을 한다. 위성을 최적의 위치까지 옮기고, 고정시키는 역할을 한다. 탑재체는 실제 임무를 수행하는 역할을 한다. 어떤 기능을 탑재체에 올렸느냐에 따라 통신위성이 되기도 하고 관측위성이 되기도 한다. 본체만 잘 만들어두면 다양한 기능을 수행하는 위성을 올리기가 쉬워진다.

위성이나 유인우주선을 발사하는 로켓도 여러 가지로 분류한다. 액체 연료를 사용하는지, 고체 연료를 사용하는지에 따른 분류가 일반적이다. 액체 연료는 연료와 산화제를 개별 탱크에 분리해서 넣은 다음 연료실에서 둘을 혼합해 연소시키는 시스템이고, 고체 연료는 연료와 산화제를 섞어 응고시킨 연료를 연소시키는 시스템이다.

고체 연료는 이미 응고시킨 연료를 사용하기 때문에 보관이 쉬워 언제든 사용이 가능하다는 장점이 있지만, 한 번 불이 붙으면 연소를 멈출 수 없어 정확한 제어 컨트롤이 어렵다는 단점이 있다. 이에 반해 액체 연료는 연소 상태를 제어하기가 용이하고 정확한 추진력 조정이 가능하다는 장점이 있지만, 구조가 다소 복잡하고 발사 전에 연료를 주입해야 하는 단점이 있다. 2022년 6월 시험발사에 성공한 한국형 발사체 누리호는 액체 연료를 사용했으며, 스페이스X가 사용하는 재활용 로켓 팰컨9Falcon9도 액체 연료를 사용한다.

우주 산업의 역사

인류가 우주에 대해 관심을 갖기 시작한 것은, 천문학의 기원이 선사시대로 거슬러 올라가는 것으로 보아 인류가 생겨나면서부터일 것이다. 인류가 본격적으로 우주 탐사에 나서기 시작한 것은 제2차 세계대전이 끝나고 미국과 구소련의 냉전이 본격화되면서부터였다. 제2차 세계대전은 인류에게 다시 있어서는 안 될 비극이지만, 많은 기술 진보를 가져왔다. 그중 대표적인 것이 로켓 기술의 발전이다.

로켓 기술은 중국 금나라에서 처음 발명되었으며, 이후 몽골이 유럽 정복에 나서면서 유럽에 전달되었고, 유럽은 이를 더욱 발전시켰다. 다연장 로켓을 세계 최초로 만든 나라는 한국으로 임진왜란 당시 신기전을 개발, 사용하였다. 제2차 세계대전 시기에 로켓 기술은 더욱 진화해 더 멀리, 더 빨리, 더 정교하게 적의 진지를 타격하게 되었다. 이러한 로켓 기술의 발전에 기여한 인물로는 로버트 고다드Robert Goddard와 베르너 폰 브라운Wernher von Braun이 있다.

로버트 고다드는 로켓의 선구자로 알려진 미국의 과학자이다. 1926년 세계 최초로 액체 연료를 사용하는 현대적 개념의 로켓을 쏘아 올렸다. 제2차 세계대전 당시 미국 해군을 위해 로켓 공학을 연구했으며, 1935년 로켓을 시속 885km로 비행할 수 있게 만들었다. 하지만 안타깝게도 미국 해군으로부터 인정받지 못했다.

고다드의 연구를 주목한 사람이 베르너 폰 브라운이다. 독일 출신의 브라운은 특이한 이력을 갖고 있다. 그는 히틀러 밑에서 독일군이

자랑하는 V-2 로켓을 개발했다. 하지만 나치 독일이 패망한 뒤에는 미국으로 넘어가 NASA에서 일하며 미국의 로켓 개발을 주도했다.

제2차 세계대전이 끝난 뒤에도 미국과 구소련은 상대가 개발한 로켓이 언제 날아올지 몰라 불안감이 컸다. 상대방을 감시하기 위해 위성을 개발하고 쏘아 올리는 경쟁이 시작되었다. 1950~60년대에 위성 발사는 연평균 30%씩 늘어났다. 1961년 구소련의 우주 비행사 유리 가가린이 인류 최초로 지구 궤도를 도는 우주 비행에 성공했다. 이에 충격을 받은 미국은 1960년대가 지나가기 전에 달에 인간을 착륙시킨 뒤 지구로 무사히 귀환시키겠다는 목표를 제시했고, 1969년 인류 최초로 유인우주선 아폴로 11호가 달에 착륙하면서 목표를 이루었다.

하지만 이후 우주 산업이 걸어온 길은 그리 밝지만은 않았다. 미국 내부에서 우주 경쟁에 너무 많은 돈이 쓰인다는 불만이 제기되었고, 몇 차례의 유인 우주 왕복선 사고가 발생했기 때문이다. 구소련도 1991년 해체 전에 이미 재정적인 어려움이 커지면서 우주 산업에 대한 투자를 적극적으로 할 수 없었다. 구소련이 해체되는 과정에서 구소련은 그동안 축적했던 우주 산업 기술을 여러 나라에 전수해 주었다. 한국도 구소련의 로켓 기술을 전수받아 이를 발전시킨 끝에 2021년 한국형 발사체 누리호를 개발하는 데 성공할 수 있었다.

저물어 가는 듯한 우주 산업을 되살린 건 돈 많은 조만장자들이었다. 특히 일론 머스크는 우주 산업에 관심을 갖게 만드는 데 큰 역할을 했다. 그는 2002년 스페이스X라는 우주 개발 업체를 설립했다. 스페이스X는 2008년 9월 4번의 시도 만에 자체 개발한 로켓 팰콘1을 궤도에 안착시키는 데 성공했다.

스페이스X는 여기에 안주하지 않고 2015년 로켓 1단 부스터를 역추진해 쏘아 올린 로켓을 다시 회수하는 데 성공했다. 과거에는 위성을 올리기 위해 발사된 로켓은 바다로 떨어져 다시 쓸 수 없었는데, 스페이스X는 이를 회수해 재사용할 수 있게 했다. 또한 스페이스X는 민간 기업 최초로 국제 우주 정거장 ISS에 우주인을 보내는 데 성공했다. 2020년 8월 스페이스X가 쏘아 올린 유인 캡슐이 우주 비행을 마치고 지구로 무사히 귀환했다. 이는 스페이스X에 민간 기업 최초라는 타이틀을 하나 더 안겨 주었다. 그리고 주식 시장에서 관련 기업들의 주가가 크게 올라 우주 산업에 대한 투자자들의 관심을 환기시켰다.

그림 1. 연도별 위성 발사 대수(1957~2019)

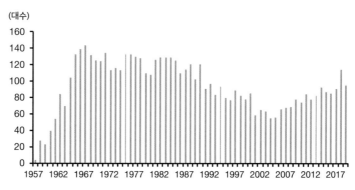

자료: planet4589, Statista

우주 산업이 발달하게 된 배경

조만장자들의 우주 개발 경쟁

최근 우주 산업이 발달하게 된 첫 번째 배경은 조만장자들의 우주 개발 경쟁이다. 일론 머스크보다 먼저 우주 산업에 투자한 조만장자가 있는데, 바로 제프 베이조스이다. 그는 아마존의 창업자로 『포브스』지가 발표한 전 세계 부자 순위에서 일론 머스크와 1, 2위를 다투는 사이이다. 2021년에는 1위를 차지했으나, 2022년에는 테슬라의 시가총액이 커지면서 일론 머스크에게 1위 자리를 내주었다.

제프 베이조스는 1964년에 태어났는데, 다섯 살 때 아폴로 11호가 달 착륙에 성공하는 것을 보며 우주 개발에 대한 꿈을 키웠다고 한다. 일론 머스크가 스페이스X를 설립하기 2년 전인 2000년 블루 오리진Blue Origin이란 회사를 설립해 머스크보다 한 발 앞서 우주 산업에 뛰어들었다.

단순히 돈이 많다고 성공적인 우주 기업이 될 수는 없다. 돈 많은 프로야구 구단이 각 포지션별로 가장 잘하는 선수들을 모아 놓는다고 해서 우승을 한다는 보장은 없다. 경쟁 상대가 없다는 생각에 현실에 안주하고 훈련을 게을리하면 약체를 만나도 쉽게 이기기 어렵다. 오늘날 우주 산업이 많은 사람들의 관심을 받고 성장할 수 있었던 배경에는 일론 머스크와 제프 베이조스 간의 경쟁이 있었기 때문이다.

2015년 블루 오리진은 자체 개발한 로켓 뉴 셰퍼드New Shephard를 우주 비행에서 회수하는 데 성공했다. 그로부터 한 달 뒤 스페이스X가 팰컨9을 회수하는 데 성공하자 베이조스는 "클럽에 온 걸 환영한다."라며 자기가 머스크보다 앞섰다고 뽐내기도 했다. 하지만 이때 이미 머스크는 궤도 진입이 가능한 로켓과 드래곤 캡슐 우주선으로 국제 우주정거장에 화물 수송을 맡고 있었기 때문에 베이조스에게 뒤졌다고 할 수 없는 상황이었다. 어쨌든 이들 둘의 경쟁은 두 회사의 기술력을 끌어올리는 데 크게 일조했다.

두 회사 모두 자체 개발한 발사체, 로켓엔진, 우주선을 보유하고 있다. 블루 오리진은 뉴 글렌New Glenn이라는 발사체와 BE-4 엔진, 뉴 셰퍼드라는 우주선을 가지고 있으며, 스페이스X는 팰컨9, 팰컨 헤비Falcon Heavy 같은 팰컨 시리즈의 발사체와 멀린Merlin이라는 엔진, 드래건Dragon이라는 우주선을 가지고 있다. 이들 둘의 경쟁은 아직도 현재진행형이다. 스페이스X는 스타링크Starlink 프로젝트를 진행 중인데, 이는 지구 저궤도에 소형 통신위성 12,000기를 쏘아 올려 전 세계 어디서든 인터넷을 제공하려는 프로젝트이다. 제프 베이조스의 아마존도 지구 저궤도에 3,236기의 인터넷 위성을 발사해 스타링크처럼 인터넷 서비스를 제공하려는 카이퍼Kuiper 프로젝트를 계획하고 있다.

이들 둘 말고도 우주에 대한 투자를 활발히 하고 있는 조만장자가 많다. 대표적인 조만장자는 2021년 제프 베이조스보다 먼저 우주여행에 나선 리처드 브랜슨Richard Branson이다. 리처드 브랜슨은 항공·미디어·관광 사업 등을 영위하는 영국의 버진 그룹을 갖고 있으

표 6. 세계의 부자들

순위	이름	Net worth (bn USD)	나이	국가	관련 기업	우주 투자
1	Elon Musk	219	50	US	Tesla, SpaceX	SpaceX 소유
2	Jeff Bezos	171	58	US	Amazon	Blue Origin 소유
6	Larry Page	111	49	US	Google	Google은 SpaceX에 약 10억 달러 투자(2016)
7	Sergey Brin	107	48	US	Google	Google은 SpaceX에 약 10억 달러 투자(2016)
34	Ma Huateng	37	50	China	Tencent	Moon Express(달 탐사 기업)사를 비롯한 여러 스타트업에 투자
74	Masayoshi Son	21	64	Japan	Softbank	OneWeb에 투자
552	Peter Thiel	5	54	US	Facebook	파운더스 펀드를 운영하며 약 2,000만 달러를 SpaceX에 투자
601	Richard Branson	4.7	71	UK	Virgin	Virgin Galactic 소유

자료: Forbes(2022), 각종 자료 취합

며, 그의 재산은 2022년『포브스』지가 발표한 자료를 보면 47억 달러(약 5.6조 원)에 이른다.

리처드 브랜슨은 버진 갤럭틱Virgin Galactic이라는 우주여행 회사를 갖고 있으며, 이 회사는 인당 25만 달러(약 3억 원)의 비용을 받고 우주여행을 진행하고 있다. 2021년 7월 버진 갤럭틱이 보유한 우주여행선 스페이스십2SpaceShip2를 타고 4명의 민간인이 고도 88km 상공의 우주 무중력 상태를 체험하는 여행을 하고 왔다.

이 밖에도 구글의 래리 페이지Larry Page와 세르게이 브린Sergey Brin
은 스페이스X에 투자를 했으며, 손정의도 원웹에 투자를 하고, 빌 게
이츠Bill Gates와 함께 마이크로소프트를 창업했던 폴 앨런Paul Allen도
스트라토 런치 시스템Strato launch System 등의 우주 스타트업에 투자를
하고 있다.

국가 간의 경쟁, 특히 미국과 중국의 우주 개발 경쟁

우주 산업이 발달하게 된 또 다른 배경에는 국가 간의 경쟁이 있
다. 과거 냉전시대에 우주 산업이 발전한 것은 미국과 구소련 간 경
쟁의 영향이 컸다면 지금 우주 산업의 발전을 이끄는 것은 미국과 중
국의 경쟁이다. 중국은 2014년 시진핑 국가 주석이 중국의 우주 산업
을 핵심 분야로 지정하고 민간도 투자를 하도록 허용했다.

아직까지 중국의 우주 활동은 국유 기업이 주도하고 있는데, 2014
~20년 중국의 우주 프로그램에 대한 투자는 연평균 22% 증가했다.
주요 국가별 우주 기관 예산을 비교해 보더라도 중국 CNSA의 예산
은 미국 NASA 다음으로 많다. 2018년 기준 CNSA의 예산은 110억 달
러(약 13조 원)로 NASA의 195억 달러(약 23조 원)보다는 적었지만, 유
럽 ESA의 63억 달러(약 7.6조 원), 일본 JAXA의 20억 달러(약 2.4조 원)
보다는 훨씬 많다. 중국은 2020년 12월 달 탐사선 창어5호가 달 표면
의 토양을 채취해 지구로 귀환했으며, 독자적으로 우주 정거장도 건
설할 계획이다.

미국과 중국의 관계는 트럼프 대통령 취임 즈음부터 삐걱거리기 시작했다. 미국은 GDP 기준으로 전 세계 1위 국가였는데, 구매력 기준으로 2017년부터 중국의 GDP가 미국을 앞지르기 시작했다. 구매력 기준이란 물가수준을 반영한 GDP라 볼 수 있다. 예를 들면 중국 스타벅스에서 파는 아메리카노 가격이 한국보다 싸다. 구매력 기준이란 이처럼 같은 소득을 갖고도 물가가 싼 지역에서는 더 많은 물건을 살 수 있는 개념이라고 이해하면 된다. 중국의 물가가 미국보다 싸서 구매력 기준으로 비교하면 중국의 GDP가 미국을 앞질렀다는 의미이다.

여기에 시진핑 국가주석이 2018년 국가주석 3연임을 금지한 법안을 폐지하면서 영구 집권할 수 있는 토대를 만들자 미국에서 우려의 목소리가 커지기 시작했다. 미국은 중국산 제품에 고율의 관세를 부가하면서 무역 분쟁을 시작했다. 그리고 중국 신장 지역 인구의 다수를 차지하는 위구르족에 대한 중국 정부의 감금, 감시 등을 문제 삼으며 유럽도 이러한 문제 해결에 협조하도록 하기도 했다. 최근에도 미국은 중국이 세력을 확장하는 것을 견제하기 위해 중국 연안에서 군사 훈련을 하는 등 압박을 가하고 있다. 중국도 이에 굴하지 않고 러시아와의 협력을 강화하면서 맞서고 있다.

이러한 갈등은 과거 구소련과 미국의 우주 개발 경쟁처럼 다시 정부가 나서는 우주 개발 경쟁을 부추기고 있다. 정부 간의 경쟁은 저궤도보다는 달 탐사나 화성 탐사 같은 큰 그림의 경쟁 양상을 보이며, 우주 산업을 더욱 활성화하는 계기가 되고 있다.

우주 발사·개발 비용의 감소

우주 산업이 발달하게 된 마지막 배경은 기술이 발전하면서 우주로 화물을 보내는 데 들어가는 비용이나 위성을 제작하는 데 들어가는 비용이 저렴해지고 있다는 점이다. 특히 우주로 화물을 보내는 데 들어가는 비용이 저렴해지면 대형 기업뿐만 아니라 중소형 기업들도 위성을 보내는 부담이 사라져 우주 산업이 커지는 속도는 더 빨라질 수 있다.

최근까지 많이 사용되었던 우주 발사체는 유럽의 아리안5^Ariane5, 미국의 애틀러스V^Atlas V 등이다. 2017년 기준으로 이들 발사체는 1kg의 화물을 우주에 보낼 때 들어가는 비용이 약 8,500~9,500달러(약 1,000만~1,100만 원)였다. 하지만 스페이스X의 팰컨9나 러시아의 프로톤M^Proton M과 같은 발사체는 1kg의 화물을 우주로 보내는 데 들어가는 비용이 3,000달러(약 360만 원)가 채 되지 않는다.

러시아의 프로톤M 같은 경우는 개발된 지가 오래돼서 초기 버전 발사체의 개발 비용이 대부분 회수되었기 때문에 저렴해졌다. 팰컨9의 경우는 재활용이 가능하고, 발사횟수가 늘면서 대량 생산에 따른 고정비 부담이 줄었기 때문이다.

우리가 유럽으로 여행을 갈 때 타고 가는 비행기가 단 한 번 비행하면 사라진다고 가정해 보자. 우리가 부담해야 하는 항공료는 비행기 개발 비용과 제작 비용을 다 더한 비용을 여객 수로 나눠 부담해야 할 것이다. 하지만 우리가 유럽으로 타고 간 비행기는 다시 유럽에서 한국으로 오는 여행객을 싣고 돌아오며, 비행기의 수명(약 40년)

이 다할 때까지 계속 비행을 하게 될 테니, 우리가 부담해야 할 항공료가 어마어마하게 비싸지는 일은 없다.

우주 로켓도 마찬가지이다. 로켓을 재활용하게 되면 로켓을 사용할 수 있는 많은 기업이 비용을 나눠 내면 되니까 비용이 크게 낮아질 수밖에 없다.

미래 타임라인 네트Future Timeline Net 자료에 의하면 2020년 기준 팰컨 헤비로 1kg의 화물을 우주로 보내는 데 1,000달러(약 120만 원)가 들지 않는다. 팰컨 헤비는 스페이스X가 대용량 화물을 우주로 보내기 위해 개발한 대형 로켓이다. NASA는 2040년이 되면 1kg의 화물을 우주로 보내는 데 몇십 달러면 가능하게끔 하는 것이 목표라고 한다. 2022년 현재 우체국에서 1kg의 화물을 미국으로 보내는 데 드는 일반소포 비용이 28,000원이다. 20년 후가 되면 미국으로 화물을 보내는 비용으로 우주에 화물을 보낼 수 있을지도 모를 일이다.

또한 위성을 제작하는 데 들어가는 비용도 낮아지고 있다. 최근에 스페이스X나 원웹 같은 기업들이 쏘아 올리는 위성은 대부분 지표면에서 500~2,000km 정도 떨어진 궤도(저궤도)에 자리 잡는 것이다. 이 정도 궤도의 위성은 그보다 높은 고도 36,000km(정지궤도)에서 도는 위성에 비해 우주 방사능에 대한 노출이 적다.

우주로 쏘아 올리는 위성이나 우주선은 우주 방사능에 노출되거나, 고온 또는 초저온에 노출될 여지가 있기 때문에 신뢰도가 높은 기계식 부품들을 사용해야만 한다. 하지만 고도가 낮아질수록 우리가 지상에서 쓰는 컴퓨터 칩을 그대로 사용할 수 있다. 집적회로를 만드는 기술이 발달하면서 단위면적에 집적할 수 있는 칩의 용량도 더 커지고 소형화되었다.

이런 부품들은 저궤도에 사용되는 위성에 그대로 채택되기도 한다. 과거에는 지상에서 우주 환경을 설정하고 여러 가지 테스트를 거쳐야 했지만, 위성을 쏘아 올리는 빈도가 잦아지다 보니 바로 우주로 보내서 제대로 작동하는지 여부를 확인할 수 있게 되었다. 제대로 작동되는 부품은 계속 사용하고, 그렇지 않은 부품은 다른 부품으로 대체하면 된다. 지상에서의 테스트 비용이 필요 없으니 당연히 위성을 개발, 제작하는 데 들어가는 비용이 줄어들 수밖에 없다.

위성의 크기도 정지궤도 위성은 중량이 500kg을 넘어서는데, 저궤도 위성은 성인 남성의 몸무게 정도로 가볍다. 큐브 위성이라고도 불리는 이런 위성을 제작하는 데 들어가는 비용은 정지궤도 위성보다 훨씬 저렴해서 스타트업들도 위성 개발에 적극 나설 수 있는 분위기가 만들어지고 있다.

우주 산업이 만들어 낼 미래

우주 산업이 만들어 낼 미래는 다양하다. 우주여행을 하고, 전 세계 어디에서나 인터넷 사용이 가능하게 만들고, 위성이 보내 준 정보를 활용해 주식 투자를 할 수도 있다. 우주에서 전기를 생산하고, 철광석 같은 자원을 채취해 지구로 보내 주는 일도 가능할 것이다. 더 먼 미래로 간다면 일론 머스크가 꿈꾸는 것처럼 화성으로 인류가 이주해 우주 밖에서의 생활이 가능할지도 모른다.

우주여행

가장 먼저 현실이 되고 있는 일은 우주여행이다. 2021년 7월 11일 리처드 브랜슨이 이끄는 버진 갤럭틱은 리처드 브랜슨을 포함하여 4명의 우주 관광객을 태우고 고도 88km 상공에서 약 10분간 미세무중력 체험을 하는 우주 비행을 마치고 돌아왔다. 2021년 11월 현재 약 700명이 버진 갤럭틱의 우주여행을 예약했으며, 2022년 2월부터 다시 우주여행 티켓을 팔기 시작했는데, 1인당 비용은 45만 달러(약 5억 4,000만 원)이다. 버진 갤럭틱은 2023년부터 한 달에 세 번의 우주 비행을 목표로 하고 있다.

제프 베이조스가 이끄는 블루 오리진도 버진 갤럭틱에 이어 2021년 7월 20일 자체 개발한 뉴 셰퍼드 우주선에 제프 베이조스와 월리 펑크 등 4명을 태우고 고도 100km까지 올라가는 우주여행을 하고 왔다. 월리 펑크는 1961년 NASA의 우주 비행사 시험을 1위로 통과하고도 여성이라는 이유로 우주 비행단에 합류하지 못한 비행사로 우주여행 당시 그녀의 나이는 82세였다. 또한 제프 베이조스는 버진 갤럭틱이 비행하고 돌아온 88km 상공은 우주라고 할 수 없다며, 자신이 갔다 온 100km는 되어야 한다고 하기도 했다.

스페이스X의 우주여행은 앞선 두 기업의 우주여행과 차원이 달랐다. 같은 해 9월 15일 스페이스X는 민간인만 4명을 태우고 우주여행에 나서 최고 고도 585km까지 올라갔다. 이는 1972년 종료된 NASA의 아폴로 계획 이후 인간이 도달한 가장 먼 우주이다. 여기에서 그치지 않고 민간인 4명을 태운 크루 드래건Crew Dragon은 3일간 시속 27,000km의 속도로 지구를 90분에 한 번씩 돌았다. 그리고 9월 19일 플로리다 앞바다로 귀환했다. 스페이스X가 추진한 우주여행의 비용이 공개되지는 않았으나, 1인당 가격이 약 5,500만 달러(약 660억 원)라는 이야기가 있었다.

미국 시장조사기관 리서치앤마켓Research and Markets에 의하면 우주여행 시장은 2027년 17억 달러(약 2조 원)까지 성장할 것으로 예상된다.

통신 서비스

해외여행을 하다 보면 인터넷 서비스가 잘 안 되는 경험을 해 본 적이 있을 것이다. 2021년 4월 기준으로 전 세계 인터넷 보급률은 60%밖에 되지 않는다. 개발도상국 중 많은 나라가 인터넷에서 소외되어 있으며, 선진국이라 하더라도 미주의 농촌 지역 가정은 50% 정도만 인터넷 서비스를 이용하고 있다.

2012년 설립된 영국의 원웹이란 회사는 전 세계 모든 지역에 인터넷을 보급하겠다는 목표로 소형 위성을 쏘아 올리고 있다. 고도 1,200km 상공에 650기의 소형 위성을 발사할 계획이며, 2021년까지 약 300기의 위성을 발사했다.

스페이스X가 추진하는 스타링크 프로젝트도 12,000~30,000기의 소형 위성을 고도 500km의 저궤도에 쏘아 올려 전 세계에 인터넷 서비스를 제공하려고 한다. 2023년 한국에서도 서비스를 하겠다는 발표가 있었다. 2022년 5월 기준 약 2,200기의 위성을 쏘아 올렸으며, 33개국으로부터 인터넷 서비스에 대한 승인을 받았다. 미국에서는 이미 베타 서비스를 진행 중인데, 이용자는 499달러(약 60만 원)의 설치 키트를 구매하고 월 99달러(약 12만 원)를 내면 이용할 수 있다.

이들 회사 이외에 아마존, 캐나다의 텔레셋Telesat 등도 전 세계에 인터넷 서비스를 제공하기 위해 위성 발사를 추진하고 있다. 일론 머스크가 화성 탐사를 이야기하고, 제프 베이조스가 우주여행을 가겠노라고 이야기한다. 사실 이들 조만장자는 위성을 이용한 통신 서비스를 제공하게 되면, 수많은 정보가 축적되고, 축적된 정보는 어마어마한 부를 창출할 수 있는 기회가 될 것이라는 것을 이미 알고 있는지도 모를 일이다.

지구 관측

지구에서 쏘아 올린 위성 중 많은 위성이 지구를 관측하고, 관측한 영상을 지상으로 보내 준다. 이러한 영상은 다양한 정보를 우리에게 제공한다. 기상 위성의 경우 구름이 이동하는 모습으로 날씨를 예측할 수 있다. 기후 변화로 지구가 얼마나 빠르게 바뀌고 있는지에 대한 정보도 제공하는데, 예를 들면 북극의 만년설이 해마다 얼마큼씩 녹아 사라지고 있는지를 관찰해서 알려 준다. 쓰나미나 태풍으로 인한 피해가 어느 정도인지도 파악할 수 있고, 사우디아라비아의 메카

그림 2. 북극 만년설 위성 사진 비교

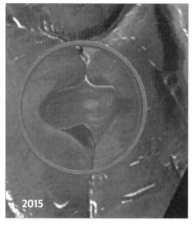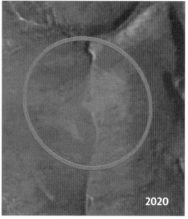

자료: NASA, National Snow and Ice Data Center

그림 3. 코로나19 전과 직후의 사우디 메카 대사원의 모습

자료: Maxar Technology, AFP연합뉴스

대사원에 모이는 사람이 코로나19 전후로 얼마나 달라졌는지도 알 수 있다.

이러한 지구 관측 정보는 투자의사 결정에도 사용된다. 2020년 코

그림 4. 코로나19 전후 미국 동부 지역의 CO₂ 농도 평균 비교

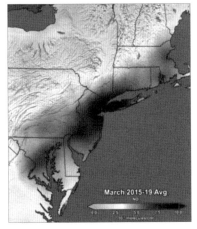

자료: NASA

로나19 팬데믹이 선언된 이후 각국의 봉쇄조치가 강화되고, 경제활동이 위축되면서 전 세계 CO$_2$의 배출량이 크게 줄어들었다. 이는 깨끗한 환경의 소중함을 일깨우는 계기가 되었고, 신재생에너지에 대한 투자를 더욱 늘려야 한다는 컨센서스를 형성하는 데도 일조했다.

2000년대 중반 조선업이 대호황기를 구가하던 시절, 기관투자자의 관심이 커져 동행 탐방하느라 부산에 위치한 녹산 공단을 자주 방문하곤 했다. 갈 때마다 생산해 놓은 기자재들을 쌓아 놓을 곳이 없을 정도로 수요가 넘쳐났다. 그러나 호황기가 끝나가자 쌓여 있던 기자재가 줄어든 것을 확인할 수 있었다. 쌓여 있는 기자재의 양으로 기자재 기업의 매출이 늘어날 것인지 줄어들 것인지에 대한 예측이 가능했다. 당시에는 직접 방문해야만 알 수 있었지만 위성 정보를 이용한다면 직접 방문하지 않고도 기업의 매출이 늘어날 것인지에 대한 정보를 얻을 수 있다.

위성 사진을 이용해 유가를 예측하는 것도 가능하다. 사우디의 원유 저장설비에 얼마나 많은 원유가 저장되어 있는지를 위성 사진을 분석하면 알 수 있다고 한다. 대형 마트의 주차장에 차들이 얼마나 많이 들어차 있는지를 보면 대형 마트의 매출을 예측할 수도 있다.

자원 개발

2009년 제임스 카메론 감독이 만든 영화 「아바타」는 외계 행성 판도라에서 언옵타늄이라는 광석을 캐 가려는 지구인과 원주민 간의 갈등을 주요 소재로 다룬다. 우주 산업이 발달하면 영화에서나 나올 법한 우주 광석의 채취도 가능해질 것이다. 애리조나 대학교에서 행성학 교수로 재직 중인 우주학자 존 루이스 교수는 지구 인근 소행성에서 채굴 가능한 철의 양은 37조 톤, 약 11조 달러(약 1경 3,200조 원)로 예측되며, 약 70조 달러(약 8경 4,000조 원)의 니켈 250만 톤, 코발트 20만 톤, 백금 1,800톤이 매장되어 있을 것으로 추정했다.

DSI^{Deep Space Industry}, 플래니터리 리소시스^{Planetary Resources} 같은 우주 스타트업 회사들은 우주 자원 개발 사업을 목표로 기술을 개발하고 있다. DSI는 소행성에서 물을 채취해 연료로 사용하고자 하며, 플래니터리 리소시스는 3D 프린터를 이용해 직접 우주에서 천연자원을 가공하려고 한다. 룩셈부르크 정부를 비롯하여 리처드 브랜슨, 래리 페이지, 에릭 슈미트 같은 조만장자들이 이들 회사에 투자했다.

그림 5. 우주광산

자료: GineersNow

그림 6. 우주 자원 개발

자료: DSI

1967년 제정된 UN우주조약에서는 우주 자원의 상업적 이용을 제한하고 있다. UN우주조약에 따르면 "지구를 제외한 모든 우주 공간과 천체는 모든 인류에게 열려 있으며, 어느 국가도 소유하지 않는다."고 되어 있다. 하지만 2015년 미국, 2017년 룩셈부르크는 민간 기업의 자원 소유를 인정하는 법을 독자적으로 만들었다. 룩셈부르크는 우주 해적선이 고가의 천연자원을 훔치거나 국제재판소에 자신의 몫을 청구하는 소송을 제기하는 것을 방지하고자 채굴한 천연자원은 소행성 시굴자에게 귀속한다는 법안을 공표했다.

우주 태양광발전

우주에서 전기를 생산해 지구를 보내는 일도 가능해질 것이다. 우주 태양광발전SBSP(Space-based Solar Power)이란 우주 공간에서 태양광발전을 통해 전기를 생산하고, 생산된 전력을 모아서 마이크로웨이브 등을 이용해 지상에 있는 수신장치로 보내는 발전 방법이다. 지표상에서의 태양광발전은 태양광이 지표면에 닿기까지 대기의 흡수 등에 의해 감쇠되고, 날씨에 따라 발전량이 일정하지 않다는 단점이 있다. 지구 표면에는 태양에너지의 29% 정도만 도달되지만 우주에서는 99%의 태양에너지를 모을 수 있다. 또한 지상에서의 발전은 특정 지역으로만 공급되지만 우주에서 전력을 생산하면 전력이 필요한 여러 지역으로 전송할 수 있다는 장점도 있다.

하지만 우주에서 지구로 극초단파를 이용해 에너지를 보낼 경우 중간에 사라지는 에너지가 얼마나 될 것인지, 또 극초단파가 도시 주변이나 인간의 활동에 부정적인 영향을 미치지 않을까 하는 문제가 있다. 여기에 태양광발전이 가능한 인공위성을 우주로 보내는 비용도 비싸다는 단점이 있다. 우주 발사 비용이 저렴한 팰컨 헤비 발사체를 이용하더라도 4GW의 발전소를 보내는 데 들어가는 비용이 80억~1,600억 달러(약 10조~200조 원)까지 소요될 것이라고 추정한다.

2020년 조사 결과에 의하면 한국에서 1MW 태양광발전소를 짓는 데 들어가는 비용은 대략 13억 원 정도라고 한다. 그것으로 유추하자면 4GW 발전소를 짓는 데 들어가는 비용은 많이 잡아도 40억 달러(약 5조 원)이니 차이가 매우 크다.

현재 우주 태양광발전에 적극적인 국가들로는 일본, 중국, 러시아, 인도, 영국, 미국 등이 있다. 중국은 2035년까지 200톤 규모의 우주 태양광발전소를 쏘아 올리겠다는 계획을 발표했고, 미국은 2023년까지 우주 태양광발전을 테스트할 예정이다.

우주 산업의 시장 규모

우주 산업 시장은 크게 위성 제작 분야, 발사 산업 분야, 지상장비 분야, 위성 서비스 분야의 4가지로 구분된다. 위성 제작 분야는 위성과 부품을 제작하는 분야이며, 발사 산업 분야는 발사체 제작 및 발사 서비스 등을 제공한다. 지상장비 분야는 지상 네트워크 및 통신방송장비 등을 포함하며, 위성 서비스 분야는 위성통신/방송, 원격 탐사, 위성항법 등을 아우른다.

2020년 기준 전 세계 우주 산업 규모는 3,713억 달러(약 450조 원)로 추정되는데 약 1,000억 달러(약 120조 원)의 정부예산을 제외하고 나면 상업용 시장 규모는 2,706억 달러(약 325조 원)에 이른다. 이 중 위성 서비스와 지상장비가 각각 1,178억 달러(약 140조 원), 1,353억 달러(약 162조 원)로 대부분을 차지하며, 위성 제작이나 발사 산업 분야의 매출은 각각 122억 달러(약 15조 원), 53억 달러(약 6조 원) 수준이다. 시장 규모로 보면 위성 서비스나 지상장비 시장이 매우 크고, 발사 산업이나 위성 제작 시장 규모는 그렇게 크지 않다.

유로컨설트Euroconsult에서 발표한 시장 규모로 볼 때도 전체 우주 산업 시장 규모는 3,850억 달러(약 460조 원)이며, 이 가운데 상업용이 3,150억 달러(약 380조 원)를 차지하고, 위성 서비스 시장이 전체 상업용 시장의 93%(2,930억 달러/약 350조 원)를 차지한다. 참고로 2020년 전 세계 반도체 시장 규모는 IC 인사이츠IC Insights 집계 기준으로 4,404억 달러(약 530조 원)이다.

헤이버 애널리틱스Haver Analytics가 전망한 2040년까지 분야별 우주 산업 성장률도 발사 산업이나 위성 제작 분야의 성장률은 각각 3.2%, 1.5%로 낮다. 하지만 스페이스X나 원웹 등의 위성 발사 계획을 반영했을 때 포캐스트 인터내셔널Forecast International이 추정한 2020~34년의 위성·우주선 생산 대수는 연평균 1,280대로 급격히 늘어날 전망이다.

이는 코로나19가 확산됐던 2020년과 2021년의 연간 항공기 생산 대수보다도 많은 규모이다. 전 세계 항공기 생산 대수는 코로나19 이전 연간 1,800대 수준에서 2020년과 2021년에는 연간 1,000대 밑으로 떨어진 바 있다. 물론 코로나19 팬데믹이 끝나면 항공기 생산 대수도 크게 늘겠지만 우주 산업의 성장 속도로 볼 때 인공위성의 생산 대수가 항공기 생산 대수보다 많아질 가능성이 높아 보인다.

한국의 우주 산업

한국의 우주 산업도 위성체나 발사체 제작 분야의 매출은 크지 않다. 2019년 기준 국내 우주 산업의 매출액은 3.9조 원이며, 위성 활용 서비스 및 장비 부문의 매출이 2.7조 원으로 전체 국내 우주 산업 매출의 68%를 차지한다. 위성체와 발사체 제작 매출은 각각 5,955억 원, 3,717억 원으로 전제 매출의 15.1%, 9.4%를 차지한다. 글로벌 시장 규모와 비교해 보면 한국의 우주 산업 시장 점유율은 1% 수준에 불과하다.

한국의 우주 산업은 2018년 수립된 '제3차 우주개발진흥기본계획'을 토대로 추진되고 있다. '제3차 우주개발진흥기본계획'에서의 주요 추진 전략은 ①우주 발사체 기술 자립, ②인공위성 활용 서비스 및 개발 고도화, ③우주 탐사 시작, ④한국형 위성항법 시스템KPS 구축, ⑤우주 혁신 생태계 조성, ⑥우주 산업 육성과 우주 일자리 창출 등이다.

세부 추진 계획을 살펴보면 우주 발사체와 인공위성 분야에 총사업비가 많이 집중되어 있다. 민간에서의 매출은 위성 활용 서비스 및 장비에 집중되어 있지만, 정부가 추진하는 우주 사업은 발사체와 다양한 인공위성 개발에 초점을 맞추고 있다.

여기에 2021년 5월 한미미사일협정이 폐기되면서 민간이 가지고 있는 로켓 기술을 활용한 우주 발사체 개발이 가능해졌다. 한미미사일협정은 한국이 개발하는 미사일의 사거리와 미사일에 실을 수 있는 탄두의 중량을 미국과 협의해 결정해야만 하는 것이었다. 이로 인해 우리나라가 만드는 미사일의 사거리는 800km를 초과하지 못했다.

우주 로켓의 역사를 살펴보면 냉전시대에 미국과 구소련이 서로를 공격하기 위해 미사일 사거리를 경쟁적으로 늘렸고, 이렇게 개발한 대륙간탄도미사일ICBM(Intercontinental Ballastic Missile)을 개량하거나 설계를 변경해 우주 발사체를 만들었다. 미국의 애틀러스V, 미노타우로스C^{Minotaur-C}, 러시아의 소유즈^{Soyuz} 발사체 등이 ICBM을 개량하거나 설계 변경을 통해 개발된 발사체였다. 따라서 우리나라가 개발할 수 있는 미사일 사거리 제한이 없어졌다는 의미는 우리도 ICBM을 개발할 수 있고, 이를 개량해 우주 발사체를 개발할 수 있게 되었다는 것이다.

2022년 6월 한국이 세계에서 일곱 번째로 한국형 발사체를 개발해 위성을 궤도에 올리는 데 성공했다. 2021년 10월 1차 시험발사에서는 엔진이 예정보다 46초 일찍 꺼지면서 싣고 간 더미 위성을 궤도

표 7. 한국의 우주 산업 분야별 기업 현황

대분류	중분류	세부 제품	기업 수
위성체 제작 및 운용	위성체 제작	시스템, 위성 본체, 탑재체 등	62
	지상국/시험시설	위성시험, 위성관제·운영 등	38
발사체 제작 및 운용	발사체 제작	시스템, 서브 시스템, 엔진 등	84
	발사대/시험시설	발사대 시스템, 시험설비 등	52
위성 활용 서비스 및 장비	원격 탐사	위성지도, GIS 등	34
	위성방송통신	위성 디지털 방송, 셋톱박스, 위성 핸드폰 등	67
	위성항법	위치 정보 활용, DGPS 수신, 내비게이션 등	67
과학 연구	지구과학	대기, 해양 등 위성 자료 활용	4
	우주/행성과학	지구 주변 및 태양계	3
우주 탐사	무인 우주 탐사	-	2
	유인 우주 탐사	-	0
합계	-	-	389

에 올리는 데 실패했다. 하지만 두 번의 시험발사 만에 성공했는데, 스페이스X도 처음 개발한 발사체 팰컨1이 네 차례의 시험발사 만에 성공했다는 점을 생각해 보면 대단한 성과이다.

한국형 발사체 누리호는 액체 연료를 사용한다. 액체 연료를 사용하면 장거리 발사는 가능하지만 발사 비용이 많이 들어간다는 단점이 있다. 반면 ICBM을 개량해 만드는 발사체는 고체 연료를 사용하는데 액체 연료에 비해 사거리가 짧다는 단점은 있으나 발사 비용이 저렴하고 보관이 용이해 위성 발사가 필요한 시점에 즉시 사용할 수 있다는 장점이 있다. 소형의 저궤도 위성을 신속하게 올리는 데는 고

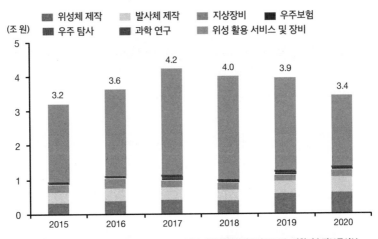

그림 7. 한국의 분야별 우주 산업 매출 추이

자료: 우주산업실태조사(2021), 과학기술정보통신부

체 연료를 이용한 발사체가 더 유리하다고 할 수 있다.

한국의 우주 산업은 2022년을 기점으로 한 단계 도약할 것이다. 한국형 발사체 누리호의 발사 성공에 이어 군 정찰위성 사업의 개발이 마무리 단계에 들어갔으며, 누리호보다 더 큰 규모의 사업인 한국형 위성항법 시스템 개발 사업에 착수할 예정이기 때문이다.

위성항법 시스템이란 위성을 이용해 위치를 확인하는 시스템이다. 이용자가 지구에서 인공위성을 이용해 자신의 위치 및 주변 지도 등의 정보를 전송받고, 목적지로 가는 경로를 안내받는 시스템이다. 범지구적 위성항법 시스템GNSS(Global Navigation Satellite System)과 지역한정 위성항법 시스템RNSS(Regional Navigation Satellite System)으로 나뉜다. 범지구적 위성항법 시스템에는 미국의 GPS를 비롯해 러시아의 GLONASS, EU의 갈릴레오, 중국의 베이더우, 인도의 IRNSS, 일본의 QZSS 등이 있다.

한국형 위성항법 시스템은 지역한정 위성항법 시스템으로 기획 중이며, 2022년부터 개발을 시작해 2035년에 운용을 시작할 예정이다. 우리나라에서도 앞서 언급한 범지구적 위성항법 시스템을 사용할 수 있지만, 전쟁이나 재해 등 유사시에 활용하고, 평시에도 미터급 혹은 센티미터급까지 향상된 서비스를 제공하기 위해 독자적 위성항법 시스템 개발을 추진하고 있다.

군 정찰위성을 보완하기 위해 군사용 초소형 저궤도 위성의 개발도 본격화된다. 우리나라의 우주 산업은 정부 주도, 그중에서도 주로 군사용에 포커스가 맞춰져 있지만 민간 기업의 투자도 활발해지고 있다. 쎄트렉아이는 '스페이스아이-T SpaceEye-T'라는 위성을 개발하고 있는데, 스페이스아이-T는 30cm급 초고해상도와 12km 관측폭을 갖춘 고성능 지구 관측 위성이다. 2024년 발사를 목표로 하고 있다.

발사체도 누리호에 만족하지 않고 차세대 한국형 발사체를 개발할 예정이다. 2023년부터 2031년까지 약 2조 원을 투입해 저궤도에 10톤 규모의 화물을 실어 나를 수 있는 대형 발사체를 국산화하는 것이다. 이후 로켓 재추진 기술까지 개발하게 되면 한국판 스페이스X 같은 기업이 탄생할 수 있다.

국내 기업 가운데 우주 산업에 가장 활발하게 투자하고 있는 한화시스템은 자체적으로 초소형 위성을 개발해 2023년에는 테스트용으로 궤도에 쏘아 올릴 예정이다. 한국형 발사체 누리호를 체계 종합하고 차세대 중형 위성을 생산하고 있는 한국항공우주도 2025년 이후 위성의 해외 수출은 물론 위성 정보 서비스를 확대해 나갈 예정이다. 민간 기업의 입장에서도 위성통신, 자율주행 등의 필요에 의해 저궤도 위성을 중심으로 개발하고 있어 국내 우주 산업은 높은 성장성을 보일 전망이다.

꼭 알아야 할 우주 산업 분야,
저궤도 위성통신 산업

우주 산업은 민간이 앞장서서 투자를 주도하고, 정부도 이를 뒷받침하면서 고성장할 수 있는 여건을 만들어 가고 있다. 사실 우주 산업은 눈에 보이지 않게 우리 삶의 질을 끌어올렸다. 우리가 일상에서 사용하는 여러 유용한 기술이나 기기 중 많은 것이 우주로 가기 위한 인류의 노력에서 비롯했다.

대표적인 것이 화재경보기나 메모리폼이다. 1970년대 NASA는 우주 정거장에서 발생할 수 있는 화재에 대비하기 위해 연기를 감지하는 장치를 개발했는데, 이게 주변에서 흔히 볼 수 있는 화재경보기이다. 메모리폼 역시 로켓이 빠르게 날아갈 때 우주 비행사들이 물리적 충격을 받지 않도록 푹신푹신한 소재의 패딩을 만들게 되었는데, 오늘날 매트리스나 베개에 사용되고 있다. 그밖에 주택 단열재, 적외선 귀체온계, 정수기와 CT/MRI 같은 의료 장비도 모두 우주로 가기 위한 또는 우주에서 생활하기 위한 목적으로 개발된 기술들이다.

앞으로도 우주 산업은 우리가 지금은 생각하지 못할 다양한 기술을 만들어 내고, 우리 삶의 질을 높여 줄 것이다. 최근에 나온 반자율주행 차량을 운전해 보니 기존 자동차보다 운전하는 것이 훨씬 편했다. 위성의 도움을 받는 완벽한 자율주행차가 등장한다면 운전은 지금과 비교할 수 없을 정도로 편해질 것이다.

UAM 사업이나, 5G를 넘어서서 통신 속도를 한층 높여 줄 6G, 사물 인터넷IoT(Internet of Things), 로봇까지 조금씩 구체화되는 미래 기술들의 근간에 위성이 자리 잡고 있다. 그중에서도 저궤도 위성LEO(Low Earth Orbit)은 미래 기술들을 구체화하는 데 중요한 역할을 할 것이다. 저궤도 위성은 정부 주도보다 민간의 경쟁에 의해 시장이 활성화되고 있기 때문에 성장 속도가 아주 빠르고, 많은 스타트업이 참여해 새로운 기술의 개발도 활발하게 이루어지고 있다. 반드시 알아야 할 우주 산업 분야이다.

저궤도 위성이란?

위성이 돌고 있는 궤도는 높이에 따라 저궤도LEO, 중궤도MEO (Medium Earth Orbit), 정지궤도GEO(Geostationary Orbit), 고궤도HEO(High Earth Orbit)로 구분된다. 분류하는 기관마다 거리가 조금씩 다르지만 저궤도는 보통 지구 표면으로부터 200~2,000km, 중궤도는 2,000~36,000km,

표 8. 위성 궤도별 주요 특징

(단위: km, millisecond, 분, 기, kg)

구분	저궤도(LEO)	중궤도(MEO)	정지궤도(GEO)
위성 고도	200~2,000	2,000~36,000	36,000
평균 통신 지연율	25	140	500
공전 주기	88~127	127~1,440	1,440(24시간)
위성 수(2021.5.1. 기준)	3,328	139	560
대표 사업자	스페이스X, 원웹 등	SES Networks	Inmarsat, NASA 등
위성 무게	150	700	3,500

자료: UCS

정지궤도는 36,000km 고도를 말한다.

저궤도의 공전 주기는 1~2시간 정도 소요되며, 국제 우주 정거장이 고도 약 400km의 저궤도에서 돌고 있다. 정지궤도의 공전 주기는 24시간으로 지구 자전 속도와 동일하기 때문에 지구에서 보면 인공위성은 한자리에 머물러 있는 것처럼 보인다.

저궤도 위성은 지표면과의 거리가 가까워서 정지궤도 위성과 비교해 평균 통신 지연율이 낮다. 저궤도 위성의 경우 지연율이 0.025초(25millisecond, ms)에 불과한 데 반해 정지궤도 위성의 지연율은 0.5초(500ms)이다. 저궤도의 통신 지연율은 해저 광케이블의 통신 지연율 0.07초(70ms)보다 낮고, LTE 지연율 0.02초(20ms)와 유사하다. 저궤도 위성의 통신 지연율이면 동영상도 원활하게 전달할 수 있다.

다만 저궤도 위성은 고도가 낮아 지구에 가깝다 보니 정지궤도 위성에 비해 위성 1기의 커버리지 면적이 작다. 36,000km 높이에 떠 있는 정지궤도 위성 1기가 감당할 수 있는 지표면적은 대략 지구 표면의 34% 내외인데 저궤도 위성의 커버리지 면적은 2% 내외에 불과하다. 따라서 저궤도 위성으로 전 세계를 커버하려면 최소 18~66개 정도의 위성이 필요하다. 이에 현재 운용 중인 위성의 82%가 저궤도 위성이며, 저궤도 위성의 80%가 통신 서비스에 활용되고 있다.

궤도는 어떻게 돌게 되는 건가요?

궤도 운동의 사전적 정의는 '어떠한 물체가 중력 또는 전자기력 등에 의해 움직임을 구속받아 다른 물체 주위를 도는 현상'이다. 우리가 돌을 실에 매달아 빙글빙글 돌리면 어느 순간 손을 움직이지 않아도 실에 매달린 돌이 중심축을 따라 빙글빙글 돈다. 지구가 태양 주위를 도는 것도 궤도 운동의 일종이다.

우주 발사체가 위성을 싣고 날아올라 위성이 궤도 운동을 하게 하려면 적어도 시속 29,000km의 속도로 날아야 한다. 일반적인 여객기의 이동 속도는 시속 약 900km이며, 전투기는 속도가 마하 2.5 정도이면 시속 약 3,000km이며, 대륙간 탄도 미사일의 최저 속도는 시속 약 8,000km이다. 전투기보다 10배는 빠른 속도로 날아야만 위성을 궤도에 올릴 수 있다. 시속 29,000km이면 1시간에 한국에서 미국까지 갔다 왔다 다시 미국에 가는 속도이다.

로켓이 시속 29,000km의 속도로 날아서 지구 중력과 일정 거리를 유지하고 지구를 축으로 하는 회전 운동을 시작하면 지구의 중력과 위성의 원심력으로 인해 위성이 지구 주변을 돌게 된다.

저궤도 위성통신이 왜 필요한가?

인터넷 소외 지역이 아직도 많다

우리나라의 경우 인터넷 보급률이 96%에 달할 정도로 대부분의 지역에 인터넷이 보급되었지만, 전 세계적으로는 아직 인터넷 서비스에 대한 신규 수요가 많다. 전 세계 인터넷 보급률은 2021년 63%이다. 선진국의 인터넷 보급률은 90%에 달하지만 개발도상국의 인터넷 보급률은 57% 정도이며, 최빈국들의 경우에는 27%밖에 되지 않는다.

도시와 도시 이외 지역의 인터넷 보급률 편차도 크다. 전 세계 도시 지역의 인터넷 보급률은 76%이지만 도시 이외 지역의 인터넷 보급률은 39%이다. 선진국의 경우에는 도시와 도시 이외 지역의 편차가 4%로 크지 않지만 개발도상국의 경우에는 편차가 38% 정도로 크다.

인터넷이 보급되려면 통신망, 통신 네트워크 구축 등이 필요해 비용이 많이 들어간다. 당연히 개발도상국과 최빈국은 인프라 투자 비용 조달에 어려움이 있을 수밖에 없다. 원래부터 이들 지역에 사는 사람들은 인터넷을 모르고 살았으니 큰 불편함이 없다고 할 수 있겠으나, 인터넷 사용이 일상이 된 사람들이 업무나 여행 등으로 인터넷이 보급되지 않은 지역에 머물게 되면 불편함이 클 수밖에 없다. 저궤도 위성통신은 이처럼 광대역 인터넷이 연결되지 못한 지역의 인터넷 통신 수단으로 적합하다.

6G시대가 도래한다

우리나라에서는 5세대 정보통신(5G)이 보급되고 있지만 아직 전세계 인구의 88%는 흔히 LTE라 불리는 4세대 정보통신(4G)을 사용하고 있다. 5G는 2018년부터 채용된 기술이라 아직 널리 보급된 상황은 아니지만 통신 서비스 업계는 이미 6세대 정보통신(6G)시대를 준비하고 있다.

6G는 5G보다 전송 속도는 50배 빠르고, 지연 시간은 5G의 1/10수준이며, 지상 10km까지 서비스가 가능하다. 6세대 정보통신시대가 도래하면 운행 중인 비행기나 선박에서는 물론, 멀리 떨어진 도서지역에서도 통신 서비스가 가능해진다.

이동통신 기술세대가 통상 10년을 주기로 바뀌어 왔다는 점에서 2030년 정도면 6G가 상용화될 것으로 기대하고 있다. 2030년에 6G가 상용화되려면 지금부터 6G 통신에 사용될 저궤도 위성을 준비하고 발사해야만 한다. 스페이스X나 원웹 같은 기업들은 이미 수백~수천 기의 위성을 쏘아 올렸으며, 아마존처럼 통신위성을 쏘아 올리려고 준비하는 기업도 늘고 있다.

자율주행시대가 도래한다

저궤도 통신위성은 미래 모빌리티 산업에도 필수 불가결한 요소가 될 것이다. 자율주행차의 경우 차량을 포함한 주변 네트워크와 대규모 데이터를 빠르고 지속적으로 전송해야 하는 만큼 인터넷이 되지 않는 음영지역이 있으면 안 된다. 또한 자율주행차는 초고속 인터넷 연결, 정확한 내비게이션, 클라우드 컴퓨팅 기능도 제공할 필요가 있다.

현재까지 나온 자율주행차 가운데 자율주행 기능이 가장 뛰어난 것으로 평가받는 것은 테슬라 자동차이다. 일론 머스크가 스타링크라는 군집위성을 만들고 인터넷 음영지역이 없도록 하려는 것이 자율주행과 무관해 보이지 않는다. 테슬라 이외에 중국의 지리Geely자동차 같은 자동차 제조 업체들도 저궤도 통신위성 개발을 준비하고 있다. 완벽한 자율주행으로 가려면 위성이 필요하다는 반증이다.

자동차뿐만 아니라 선박에도 자율주행이 현실화되고 있다. 세계 최대 컨테이너 해운선사인 머스크Maersk는 이미 스마트 선박 운항 시스템을 도입해 활용하고 있다. 선박에도 자율주행이 폭넓게 적용되려면, 전 세계 인터넷 음영지역이 해소되고, 원격 제어 시스템을 갖춰야만 한다. 2030년 전 세계 자율주행 선박 시장은 약 107억 달러(약 12조 원)로 2020년 대비 73% 성장할 것으로 전망한다.

UAM에도 저궤도 위성통신은 필요하다. UAM은 도심 교통 체증이 심해지면서 전동수직 이착륙기eVTOL(eletric Vertical Take-off and Landing)를 이용해 가까운 거리를 이동하는 운송 수단을 말한다. UAM은 2018년부터 전 세계적으로 기체 개발 업체가 급증해 약 200종 이상의 기체가 개발 중이다.

한국에서는 한화시스템과 현대자동차가 UAM에 대한 투자를 주도하고 있으며, 미국의 조비Joby 같은 선도 업체는 감항인증 절차에 들어가 있다. 감항인증이란 새롭게 개발된 항공기가 항공기로서의

그림 8. 항해 지원 시스템

자료: 한국조선해양

그림 9. UAM 기체 및 운항 서비스

자료: 한화시스템

성능과 기능을 발휘할 수 있다는 정부의 인증을 말한다. UAM의 상용화를 위해서는 관제 시스템, 탑승자 및 지상 사용자 간 초고속 데이터 송수신 등이 필요한데, 저궤도 위성이 초고속 데이터의 송수신을 돕게 될 것이다.

사물 인터넷은 로봇 시장 성장의 전제 조건이다

전 세계 사물 인터넷 시장 규모는 2020년 3,890억 달러(약 470조 원)에서 2030년에는 1.06조 달러(약 1,270조 원)까지 성장할 것으로 전망한다. 사물 인터넷에 연결되는 장치도 2020년 대비 3배는 늘어날 것이다. 사물 인터넷이란 각종 사물에 센서와 통신 기능을 내장해 인터넷에 연결하는 기술, 즉 무선 통신을 통해 각종 사물을 연결하는 기술을 의미한다. 예를 들면 우리가 가정에서 냉장고나 세탁기를 스마트폰에 깔린 앱으로 컨트롤하는 것이 사물 인터넷이라고 보면 된다.

또한 로봇 시장도 날로 커 가고 있는데, 로봇마다 비싼 고성능 컴퓨터를 탑재하게 되면 로봇의 가격이 비싸질 수밖에 없다. 로봇의 대중화를 위해서는 로봇의 가격을 낮출 필요가 있는데, 비싼 고성능 컴퓨터를 탑재하는 대신 접근성이 높은 클라우드 로봇을 사용하면 가격을 낮출 수 있다. 클라우드 로봇 시장은 2018년 53억 달러(약 6조 원)에서 2025년 1,704억 달러(약 200조 원)까지 성장할 것으로 전망하는데, 이런 전망이 현실화되기 위해서는 어디에서나 초고속 인터넷 연결이 가능한 저궤도 위성통신 성장이 뒷받침돼야 한다.

항법위성도 필요하다

미래 모빌리티의 발전을 위해서 위치 정보 위성인 항법위성도 필요하다. 세계 각국은 이미 각자 위성항법 시스템을 개발해 항법위성 운용을 확대하고 있다. 중국을 비롯해 미국, 일본, 러시아, 유럽연합, 인도 등이 독자적인 위성항법 시스템GNSS(Global Navigation Satellite System)을 구축했으며, 우리나라도 2035년 운용을 목표로 한국형 위성항법 시스템 개발 사업을 추진하고 있다.

앞으로 자율로 구동되는 모빌리티 시장이 확대되면 모빌리티 기기의 성능이 향상될 것이고, 위성항법 시스템과 연결되는 단말기도 더욱 늘어날 수밖에 없기 때문에 항법위성 시장도 고성장이 기대되는 분야이다. 다만 항법위성은 정지궤도 위성이란 점에서 절대적 수요가 크지 않아 저궤도 통신위성 대비 상업성은 떨어진다는 평가가 있다.

저궤도 위성통신 산업의 경쟁이 본격화되다

저궤도 위성을 활용할 수 있는 분야가 많아지다 보니 대규모 자본을 이용해 저궤도 위성통신 시장을 선점하고자 하는 경쟁이 본격화되고 있다. 혁신가이자 세계 최대 부호들이 저궤도 위성을 활용한 글로벌 광대역 인터넷 서비스에 주목하고 있기 때문이다. 일론 머스크는 스타링크, 제프 베이조스는 카이퍼, 손정의는 원웹 등에 투자해 이미 저궤도 위성을 쏘아 올리고 있거나 쏠 준비를 하고 있다. 이들 간의 경쟁으로 저궤도 위성통신 시장의 완성도가 높아지게 되면, 이와 연계된 여러 가지 우리가 예측할 수 없는 신산업들이 등장하거나, 기존 산업의 혁신을 앞당기는 일들이 현실화될 것이다.

현재 추진되고 있는 프로젝트들은 저궤도 위성통신이 정지궤도 위성 대비 전송 지연율이 낮다는 특징을 이용해, 다수의 군집위성을 띄우고, 이들 위성 간의 통신까지 가능하게 해서 전 세계에 광대역 인터넷 서비스를 제공하고자 한다. 위성 간 통신 기술ISL(Inter Satellite Links)을 적용하면 여러 기의 위성이 레이저로 데이터를 주고받으면서 고용량의 데이터를 빠르게 처리할 수 있다. 저궤도 위성은 위성 1기의 커버리지 면적이 낮아 전 세계를 커버하려면 18~66기의 위성이 필요한데, 통신위성 서비스를 제공하려면 최소 500기 정도는 되어야 가능하다.

그러다 보니 위성의 무게를 줄인 소형 위성이 주로 사용된다. 소형 위성은 대량 생산이 가능하고, 개발 기간도 줄일 수 있고, 제작 비용도 저렴하다는 장점이 있다. 또한 무게가 가볍기 때문에 한번에 다수의 위성을 동시에 쏘아 올릴 수 있어 발사 비용도 줄일 수 있다. 특히 IT 기술이 발전하면서 탑재체에 들어가는 핵심 부품이 소형화되고, 우주 방사능에 노출되는 정도도 정지궤도보다는 적기 때문에 상용화된 부품을 쓰는 것이 가능해졌다. 또한 위성 본체를 플랫폼화하는 데 성공하면서 탑재체만 바꾸면 되다 보니 개발 비용, 생산 비용 모두 과거에 비해 줄어들었다. 팰컨9나 팰컨 헤비같이 재사용 가능한 로켓이 등장하면서 발사 비용도 저렴해지는 추세여서 저궤도 위성통신을 쏘아 올리려는 수요가 급격히 늘어나는 것이다.

표 9. 주요 저궤도 위성통신 사업자들의 주요 특징

(단위: 기, km, kg, Gbps, ms)

구분	스페이스X	원웹	텔레셋	아마존
프로젝트명	스타링크	원웹	라이트스피드	카이퍼
서비스 개시 시기	2020	2022	2023	2026
목표 위성 수	12,000~42,000	648~7,020	298~1,671	3,236
발사 위성 수	1,740	288	0(Test 제외)	0
운용 높이	550	1,200	745~1,000	590~630
위성 무게	227	150	100	
주파수 대역	Ku&Ka	Ku&Ka	Ka	
최대 전송 속도	21.36	9.97	38.68	
지연 시간	40	25	10~15	

주: 스페이스X는 월 요금 99달러(단말, 거치대, 와이파이 공유기 등 초기 구축비 499달러)로
북미 지역 시범 서비스 기제공(2020년 11월)
자료: 각 사

스페이스X(스타링크)

스타링크는 2027년까지 1.2만 기의 저궤도 통신위성으로 전 세계에 초고속 인터넷 서비스를 보급하려는 스페이스X의 프로젝트이다. 최종 목표는 4.2만 기의 저궤도 위성을 올리는 것이다. 2019년 5월부터 위성을 본격 발사해 2020년 8월 베타 서비스를 시작했으며, 전 세계 32개국에서 이미 라이선스를 받았다. 2022년 6월 언론 보도에 따

르면 한국에서도 2023년 스타링크 서비스가 제공될 예정이다.

스타링크 1단계는 ①고도 550km에 1,584기, ②540km에 1,584기, ③570km에 720기, ④560km에 348기, ⑤560km에 172기로 서로 다른 4가지 궤도에 위성을 올려 네트워크를 구축하는 것이다. 2단계는 그보다 낮은 고도 330~340km의 서로 다른 3가지 궤도에 위성 7,500기를 발사할 예정이며, 3단계는 성능 강화를 위해 3만 기를 추가로 발사해 전체 목표를 완성하게 된다. 2022년 3월 현재 약 25만 명의 가입자를 보유하고 있다.

스타링크는 스페이스X의 팰컨9을 이용해 한번에 60기의 위성을 올리고 있으며, 자체 개발한 발사체를 사용하고, 발사체의 재사용도 가능하기 때문에 타 경쟁 업체보다 발사 비용이 저렴한 장점을 갖고 있다. 2022년 5월 현재 약 2,200기의 위성이 궤도상에서 임무를 수행하고 있다. 위성의 성능도 업그레이드되어 시험 운용 용도로 발사했던 V0.9 위성은 대기권으로 재진입해 폐기되었고, 현재 운용 중인 위성은 대부분 V1.0이다. 2021년 9월부터는 위성간 통신 기술이 가능하도록 레이저 통신 모듈이 탑재된 V1.5 위성이 발사되고 있다.

자체 발사체를 보유하고 있다는 것은 또 다른 장점이 되고 있다. 차질 없이 위성을 쏘아 올리고 있기 때문이다. 또 다른 통신위성 서비스를 준비 중인 원웹은 러시아에서 위성을 발사하려고 했는데, 러시아-우크라이나 전쟁으로 러시아 발사 장소를 사용할 수 없어 예정된 발사를 연기했다.

스타링크에 문제가 없는 것은 아니다. 동일 궤도에 여러 기의 위성을 올리다 보니, 위성이 줄지어 이동하는 모습이 관찰되는데, 이를 스타링크 트레인이라 부른다. 60여 기의 위성이 기차처럼 이어서 이동을 한다. 그런데 이는 천문학자들이 우주 탐사를 하는 데 방해가 되고 있다. 밤하늘이 캄캄해야 더 먼 지역의 천체를 관측할 수 있는데, 스타링크 위성이 태양광을 반사하면서 지나가다 보니 먼 지역의 천체 관측이 불가능해졌다.

이를 방지하고자 위성에 검은 도료를 칠한 '다크샛'이나 위성에 차양막을 설치한 '바이저샛' 등을 발사했지만 여전히 천체 관측에 방해가 되는 수준이며 큰 효과는 없다. 또한 우리나라처럼 인구가 밀집한 지역에서는 위성이 제공하는 인터넷 서비스 효과가 없다는 의견도 있다. 스타링크가 약속한 100Mbps의 다운로드 속도와 20Mbps의 업로드 속도는 인구가 밀집한 지역에서는 이용자가 몰릴 경우 광케이블에 비해 현저히 속도가 떨어질 수 있다.

원웹

원웹은 2012년 영국에서 설립되었다. 2019년 2월 첫 위성 발사 후 2020년 3월까지 74기를 발사했다. 그러나 코로나19 여파로 2020년 3월 파산 후 10월 영국 정부와 인도 통신 업체 바르티 글로벌 컨소시엄이 45%의 지분을 10억 달러(약 1.2조 원)에 인수해 회생했다. 기존 주주들에게 재투자를 받아 2022년까지 위성 네트워크 구축을 위한 자금을 확보했으며, 2021년 8월 한국의 한화시스템도 3억 달러(약 3,600억 원)를 투자해 8.8%의 지분을 확보하며 이사회에 합류했다.

그림 10. 원웹 주요 주주 현황

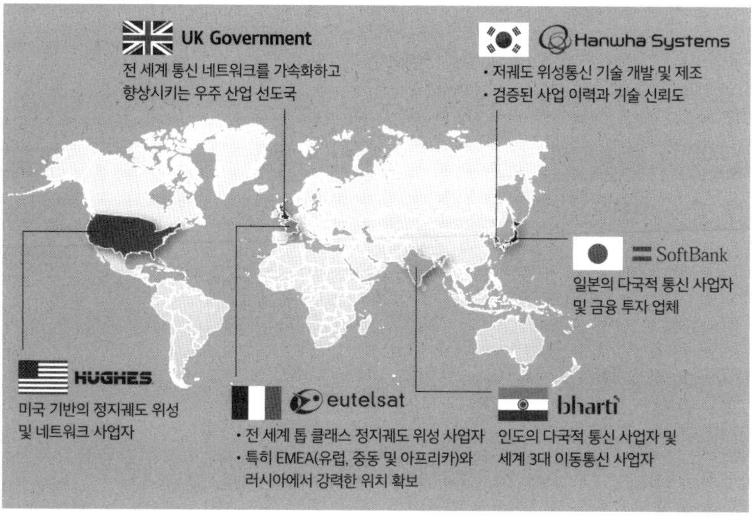

자료: 한화시스템

원웹은 2022년까지 고도 1,200km 궤도에 총 648기 위성을 쏘아 올려 전 세계에 고속 인터넷 서비스를 제공할 계획이다. 스타링크가 500km 고도에 쏘아 올리는 것과 비교해 고도가 높아 위성 1기당 커버리지 면적이 넓다. 원웹의 위성 1기가 커버할 수 있는 면적은 알래스카 정도 된다. 그리고 스타링크보다 고도가 높아 스타링크에서 문제가 되는 태양광 반사 문제가 크지 않다.

2021년 3월 원웹은 같은 해 10월 정도에는 영국, 알래스카, 캐나다, 북유럽, 북극해 등 북위 50도 이상의 지역에서는 인터넷 서비스가 가능하다고 발표했다. 하지만 코로나19로 인해 위성 제작이 지연되고, 러시아-우크라이나 전쟁으로 위성 발사까지 늦어지면서 서비

그림 11. 인텔리안테크의 원웹용 안테나

자료: 인텔리안테크

스 개시 시점도 당초 계획보다 미루어지고 있다.

원웹은 그 동안 러시아의 소유즈 로켓을 이용해 위성을 발사해 왔는데, 러시아-우크라이나 전쟁으로 영국 정부가 러시아에 제재를 가하면서 소유즈 로켓을 이용하기 어렵게 되었다. 할 수 없이 스페이스X의 위성을 사용하기로 했으며, 대주주가 인도의 바르티이다 보니 인도가 개발한 발사체 GSLV Mk III도 이용할 것으로 보인다.

원웹의 계획은 648기의 위성을 쏘아 올려 1단계를 마무리하는 것이며, 2단계로 6,372기의 위성을 추가로 쏘아 올려 총 7,020기의 위성을 확보하는 것이 목표이다. 2단계부터 레이저를 이용한 위성 간 통신 기술을 적용할 예정이다.

원웹이 스페이스X와 다른 점은 주요 장비를 자체 제작하기보다 외부에서 조달한다는 점이다. 위성은 에어버스와 합작법인으로 설립한 원앱 새틀라이츠OneWeb Satellites가 제작하며, 지상장비도 외부에서 조달한다. 특히 원웹의 안테나는 한국 기업인 인텔리안테크가 공급하고 있으며, 주주사로 참여하는 한화시스템도 안테나를 만드는 자회사 카이메타를 통해 원웹에 안테나를 공급할 예정이다.

스타링크와 또 다른 차이점은 개인에게 인터넷 서비스를 제공하기보다는 국가나 기업 등을 대상으로 인터넷 서비스를 제공하려 한다는 점이다. 주파수를 선점하고 있다는 점도 강점으로 꼽힌다. 위성과 지상장비간 통신을 위해서는 주파수 대역을 확보하는 것이 중요하다. 주파수는 국제전기통신연합ITU(International Telecommunication Union)에서 관리하는데, 원웹은 Ku밴드의 주파수를 선점하고 있다.

주파수는 무엇인가요?

주파수란 1초 동안에 진동하는 수를 말한다. 전파는 눈에 보이지 않지만 파도와 같은 모양으로 출렁이면서 진행한다. 그 진동하는 횟수가 1초에 한 번 진동하면 1Hz, 200번 진동하면 200Hz라고 한다. 햇빛을 프리즘에 통과시키면 일곱 색깔의 무지개로 나뉘는데, 이것은 햇빛에 포함된 주파수가 서로 다른 빛들이 프리즘을 통과하면서 주파수에 따라 다른 각도로 휘어져 펼쳐지기 때문이다.

햇빛이 주파수에 따라 일곱 색깔로 펼쳐지는 것처럼 전체 또는 일부분의 전자파를 주파수 순으로 펼쳐 놓은 것을 '주파수 스펙트럼'이라고 한다. 주파수 스펙트럼 중에서 전파(무선) 대역은 무선 통신에 사용되는 대역으로 국제전기통신연합ITU에서 주파수 범위를 3,000GHz까지로 정하고 있다.

위성통신에 주로 사용되는 주파수는 극초단파UHF(Ultra High Frequency)와 초고주파SHF(Super High Frequency)이다. 주파수는 편의상 주파수 밴드로 구분을 하는데, 극초단파는 다시 L밴드와 S밴드로 구분하고, 초고주파는 C, X, Ku, K, Ka밴드로 구분한다.

L밴드는 휴대폰이나 레이더에 사용되고, S밴드는 레이더나 가전제품 등에 사용된다. L밴드나 S밴드는 위성에 사용되기도 하나, 위성에는 주로 초고주파가 사용된다. C밴드는 정지궤도용으로 활용되며, X밴드는 저궤도 또는 정지궤도용으로 할당되는데, 군사용으로 많이 사용된다. Ku밴드 이상에서는 주파수가 높아 위성이나 지구국을 소형화할 수 있다는 장점이 있다.

주파수를 사용하려면 ITU로부터 주파수를 분배받아야 한다. ITU는 UN 산하기구로 무선주파수 대역과 위성 궤도 자원의 관리를 담당하는 국제기구이다. ITU는 약 230만 개의 주파수 할당을 관리하고 있으며, 매년 20만 개 이상이 새로 추가된다. 할당된 주파수가 실제와 일치하는지 여부도 정기적으로 확인한다. 주파수를 할당받고도 사용하지 않는 경우 ITU가 다시 회수해 간다. 향후 국내 민간 우주 산업이 활성화되려면 위성 주파수를 확보하는 것이 중요할 수밖에 없다.

주파수의 국제 분배는 ITU가 담당하고, 국내 분배는 과학기술정보통신부 장관이 한다. 주파수를 이용하려는 수요는 많은 데 반해 공급은 제한적이어서 국내에서는 주파수를 경매를 통해 배분한다. 2018년 5세대 이동통신용 주파수 경매 결과 낙찰가격은 3조 6,183억 원이었다.

(중앙전파관리소 홈페이지, '전파박물관'에서 인용)

아마존(카이퍼) / 텔레셋(라이트스피드)

아마존의 카이퍼 프로젝트는 590km 784기, 610km 1,296기, 630km 1,157기 등 총 3,236기의 위성과 12개 지상국으로 전 세계의 95%를 커버하려는 계획이다. 총 100억 달러(약 12조 원) 이상을 투자해 2026년까지 약 50%를 발사하고 2029년까지는 모두 발사할 예정이다. 2020년 말 가입자 전용 위상 배열 안테나를 공개했다. 기존 Ka 밴드 위성 안테나보다 3배 더 작고 가벼우며 저렴하다. 위성 발사는 주로 블루 오리진이 담당할 것으로 보이며, 향후 아마존닷컴의 클라우드 컴퓨팅 사업부인 아마존 웹 서비스AWS(Amazon Web Services)와 연계할 예정이다.

캐나다의 텔레셋은 저궤도 위성 프로젝트인 라이트스피드Light Speed를 추진하고 있다. 2018년 초 테스트용으로 1기의 저궤도 위성을 발사했다. 2022년 78기 극궤도 위성과 2023년 220기 경사궤도 위성 등 298기의 위성 발사를 계획하고 있으며, 최종적으로는 1,671기의 군집위성을 쏘아 올릴 예정이다. 2024년 전 세계를 커버하는 것이 목표이다. 2021년 8월 캐나다 정부가 자국 내 인터넷 접속률 향상을 위해 14억 4,000만 달러(약 1.7조 원)를 투자했다. 주로 선박, 항공기, 기업/공공기관 Wi-Fi 네트워크로 데이터 전달 등 B2B 중심 사업이 예상된다.

저궤도 위성통신 시장 성장의 조건과 전망

1990년대 위성 벤처와는 많은 것이 다르다

지금 이야기되는 위성 서비스는 이제 막 나온 새로운 개념이 아니다. 이리듐Iridium이란 이름을 들어봤을 것이다. 이리듐은 모토로라가 1998년 11월부터 전 세계에 이동통신 서비스를 제공하기 위해 만든 위성통신 네트워크였다. 이리듐은 77번째 원소 기호이기도 한데, 원래는 77기의 인공위성을 이용해 시스템을 구축하려 했으나 기술적 이유 등으로 66기의 위성으로 서비스를 시작했다.

사업의 손익분기점BEP(BreakEven Point)을 넘기려면 최소 40만 명의 가입자가 필요했지만 1999년 5월까지 1만 명만 가입했고, 결국 최종적으로 가입자가 5만여 명에 그쳐 1998년 8월 미국 법원에 파산신청을 했다. 가입자가 적었던 이유는 이용 요금이 비싸고, 기기의 부피가 너무 컸기 때문이다. 요금은 단말기 가격이 2,000~3,000달러(약 200만~300만 원)였고, 이용 요금이 분당 3~4달러(약 4,000~5,000원)에 달했다. 이동전화 기술이 발달하면서 로밍 서비스가 활성화된 점도 매력이 떨어지게 된 요인이었다.

비슷한 시기에 텔레데식Teledesic이나 글로벌스타Global Star같이 저궤도 통신위성을 이용해 전 세계 광대역 인터넷 서비스를 제공하려던 업체들이 있었다. 텔레데식은 1994년 90억 달러(약 11조 원)를 투자해 700km 고도에 840기의 위성을 띄워 인터넷 서비스를 제공하겠다는 계획을 밝혔다가 1997년 1,400km 고도에 288기를 띄우는 것으로 계획을 바꾸었다. 하지만 그리 오래 버티지 못하고 2002년 10월 사업을 접었다. 글로벌스타Globalstar도 48기의 위성을 띄워 북미, 유럽, 브라질 등에서 상용 서비스를 제공했지만 결국 2002년 파산하고 말았다.

저궤도 위성 사업과 관련해 투자자들을 만나면 그 당시를 기억하는 사람들은 그때처럼 비슷하게 파산의 길을 가는 것 아니냐는 질문을 하곤 한다. 결론적으로 지금은 1990년대와는 많은 것이 달라졌다. 이리듐이나 텔레데식, 글로벌스타 같은 기업들이 파산하게 된 배경은 비용이 비싸고 수요가 제한적이었기 때문이다. 단말기 구매 비용과 서비스 이용 요금 모두 비쌌고, 위성을 쏘아 올리는 비용도 지금과 비교할 수 없을 정도로 비쌌다. 하지만 지금은 1990년대 후반이나 2000년대 초반과 비교해 위성 관련 기술도 많이 발전했고, 비용도 저렴해졌으며, 투자자도 많아졌다.

먼저 위성 관련 기술이 발전했다. 위성을 살펴보면 개별 위성이 처리할 수 있는 데이터 양이 크게 늘었다. 위성이 수집한 데이터를 전송할 때 데이터를 압축해서 보내면 훨씬 많은 양의 데이터를 보낼 수 있다. 데이터를 압축하는 방법이 과거보다 향상돼서 압축하는 용량이 커졌다.

또 우리가 사용하는 컴퓨터의 성능이 좋아진 것처럼 위성이 사용하는 칩의 성능도 향상되었고, 위성끼리 데이터를 주고받는 것도 가능해졌다. 1990년대 위성 사업자들이 쏘아 올렸던 위성의 수는 100개 미만이었지만 이제는 수백 기 또는 수천 기의 위성을 쏘아 올리고도 인공지능^AI 등을 활용해 이들을 잘 관리할 수 있다.

위성이 지상 안테나로 보내는 주파수도 대역이 넓어졌다. Ku, Ka, V 밴드 등 다양한 영역의 주파수를 사용하게 되다 보니 데이터 전송 속도가 빨라졌다. 또한 위성에 장착된 안테나는 크기는 작아졌지만 보낼 수 있는 범위는 과거에 비해 더 넓어졌다.

지상에서 위성의 신호를 받는 지상 안테나도 발전했다. 기존에는 스카이라이프 위성 TV를 장착한 가정에서 파라볼라^Parabolic 안테나를 흔히 볼 수 있었는데, 이제는 전자식 빔 조향 안테나로 바뀌었다. 파라볼라 안테나는 전파 수집 영역이 좁았지만 전자식 빔 조향 안테나는 많은 수의 위성을 스스로 추적하고 접근할 수 있다.

과거와 또 다른 차이점은 인터넷을 활용한 사업 모델이 다양해지다 보니 기업들이 수익을 창출하기가 쉬워졌고, 투자자도 많이 늘었다는 점이다. 1990년대에는 사용량에 기본요금이 부과되었는데, 요금도 워낙 비싸 가입자를 모집하기 쉽지 않았다. 현재는 콘텐츠 수익, 온라인 광고 등 서비스 제공 업체가 수익을 낼 수 있는 방법이 많아졌다. 또 그 동안 성공한 빅테크 기업들이 초기 사용자를 확보하는 데 집중하고, 이를 바탕으로 수익을 창출하는 방식을 경험해 보았기 때문에 기업들이나 투자자들도 서비스 제공을 통해 이익이 날 때까지 기다리는 시간이 길어졌다.

스타트업에 투자하는 규모도 2010년대 들어 크게 늘어났다. 우주 스타트업에 대한 투자는 2000~4년 10억 달러(약 1.2조 원)에서 2005~9년 30억 달러(약 3.6조 원)로 늘었고, 2010~14년에는 60억 달러(약 7.2조 원)에 달했다. 2015~19년에는 177억 달러(약 21조 원)로 2010~14년 대비 3배 가까이 늘었다. 우주 스타트업에 투자하는 투자자도 2000~4년 평균 8개 기관에서 2005~9년 16개 기관, 2010~14년 53개 기관으로 조금씩 늘다가 2014~19년에는 평균 212개 기관으로 크게 늘었다.

각국 정부의 지원도 늘고 있고, 돈 많은 기업들이 투자를 하고 있다는 점도 긍정적이다. 2020년 12월 미국 정부는 광대역 인터넷 보급을 위해 스페이스X를 포함한 약 180개 업체에 92억 달러(약 10조 원)의 보조금을 지원하기로 결정했다. 텔레샛도 캐나다 정부로부터 투자와 서비스 구매 약속을 받아냈다. 과거에는 상상하기 어려운 일이었다. 군집위성을 배치하고 연간 유지·보수하는 데 들어가는 비용만 100억 달러(약 12조 원)가 넘었는데, 대규모 자금 조달을 받기가 쉽지 않았다.

수요 측면에서도 과거 대비 인터넷 수요가 크게 증가했다. 여기에는 모바일의 발전이 크게 영향을 미쳤다고 생각되는데, 고화질의 영화를 다운로드 받거나, 게임을 하고, 온라인 쇼핑을 하는 등 모바일 인터넷으로 할 수 있는 일이 무척이나 많아졌다. 앞으로도 저궤도 통신 사업자가 늘어나면서 우리가 미처 생각하지 못했던 일들이 나타날 수 있다.

또한 가격 문제 등으로 지상파 솔루션이 작동하지 않는 시장들, 예를 들면 비행기 안이나 해상, 장거리 모바일 백홀(기지국과 같은 주변부 망과 최상위 네트워크인 기간망을 연결하는 전송망), 원격 석유 가스

추출 등에 사용되는 특수한 시장도 저궤도 위성통신 사업자가 경쟁력 있는 가격을 제공한다면 수요는 더욱 크게 늘어날 수 있다.

우주 산업 시장 규모는 더욱 커질 것이다

저궤도 위성통신은 미래 산업혁명의 완성을 이끌어 낼 중요 인프라로 부각되고 있다. 광대역 인터넷 서비스를 제공하는 저궤도 위성은 데이터에 대한 수요를 끌어내 데이터가 폭발적으로 증가하고, 데이터 비용을 낮추는 데도 도움이 될 것이다. 모건 스탠리Morgan Stanley의 보고서에 따르면 위성 광대역 인터넷 서비스가 우주 산업 시장을 주도하면서 2040년 전 세계 우주 산업 시장 규모는 1.05조 달러(약 1,260조 원)까지 커질 것이라고 한다.

맥킨지Mckinsey는 저궤도 위성통신 소비자 시장이 지금보다 이용요금을 줄일 수 있다면 2030년까지 연평균 30% 이상 성장할 것으로 전망한다. 미국을 기준으로 한 분석이긴 하지만 인터넷 비용이 줄어들고, 인터넷이 안 되는 지역에 거주하거나 저속 인터넷을 사용하는 고객들이 잠재적 고객이 될 수 있기 때문에 시장이 빠르게 커질 수 있다고 분석한 것이다.

아크인베스트Ark Invest도 저궤도 위성통신 시장이 연간 1,000억 달러(약 120조 원)로 커질 것이라 전망한다. 주요 수요처는 현재 인터넷을 사용하지 못하는 음영지역 시장이 약 400억 달러(약 48조 원)로 대부분을 차지하며, 자율주행차도 크게 늘어 약 360억 달러(약 43조 원) 규모가 될 것으로 전망한다.

유로컨설트는 향후 10년 동안 500kg 미만의 소형 위성들이 연평균 1,391기가 발사될 것으로 전망한다. 이전 전망치(1,010기) 대비 38% 상향되었다. 이런 성장세는 스타링크나 원웹 같은 대규모 군집 위성 프로젝트들이 추진되면서 소형 통신위성 발사 증가가 반영된 것이다. 소형 통신위성은 연평균 850기 정도 발사할 것으로 유로컨설트는 예측한다. 이에 소형 위성 관련 시장 규모는 2020년 170억 달러(약 20조 원)에서 2030년 540억 달러(약 65조 원)로 3배 이상 성장이 예상된다. 이 기간 소형 위성 제조 시장은 115억 달러(약 14조 원)에서 350억 달러(약 42조 원)로, 발사 시장은 55억 달러(약 7조 원)에서 190억 달러(약 23조 원)로 성장할 전망이다.

한국의 우주 산업도 저궤도 위성통신 시장을 중심으로 커질 것이다. 초소형 위성 기반 신우주 산업 육성을 위해 2031년까지 공공 분야만 약 110기의 초소형 위성을 개발할 예정이다. 특히 6G시대 구현을 위해 위성통신 서비스 제공을 위한 위성 간 핸드오버, 위성 간 링크ISL 등 핵심 기술을 확보하고, 단계별로 초소형 위성을 개발·발사하여 2031년까지 초소형 통신위성 시범망을 구축할 예정이다. 핵심 기술 검증 및 제품의 헤리티지Heritage 확보도 지원할 계획이다.

헤리티지란 이전 모델에 장착되어 우주에서 아무런 문제없이 작동되었던 부품을 말한다. 위성에서는 첨단 기술보다 확실하게 작동되는 것이 더 중요하기 때문에 우주에서 아무런 문제없이 작동되었던 부품들은 계속 사용하게 된다.

이에 ①저궤도 위성 발사·운영을 위해 위성 궤도를 확보하고, 주파수 등 위성망 확보를 위해 주파수 국제 등록도 추진할 예정이다. ②저궤도 통신위성을 활용한 주요 서비스, 예를 들면 UAM 내 전화· 인터넷 사용이나, 자율운항 선박을 원격으로 제어하는 시스템 등을 실증할 계획이다.

주파수를 국제 등록하려면 국제통신협회ITU에 신청한 후 약 3년 정도가 걸린다. UAM 사업은 K-UAM이라고 해서 2020년 발표한 한 국형 도심항공교통K-UAM 로드맵에 따라 추진될 예정이다. 도시권역 30~50km 정도의 거리를 비행하는 것이 목표이며, 승용차로 1시간 걸리는 거리를 단 20분 만에 도달하고자 하는 교통 서비스이다. 2025 년 상용 서비스 개시를 목표로 하고 있다. 이 밖에도 약 7,500억 원 규모의 예산으로 저궤도 위성 개발 사업을 추진하고 있다.

표 10. 국내 위성통신 사업 추진 소요 예산(안)

구분	정지궤도(예타 완료)	저궤도 5G 위성	저궤도 6G 위성
기간	2021~27년	2023~27년	2027~31년
추진 내용	통신 탑재체 개발 (정지궤도 공공복합통신위성)	저궤도 5G 통신위성 4기 (검증용 1기+실증용 3기)	6G 통신위성 10기 (2029년 실증용 3기+ 2031년 실증용 7기)
합계	780억 원	3,500억 원	4,000억 원

자료: 혁신성장전략회의

저궤도 위성통신 시장이 더 성장하기 위해 넘어야 할 것들

저궤도 위성통신 시장에 대한 장밋빛 미래가 현실화되기 위해서는 넘어야 하는 허들이 많다. 물론 이들 중 상당 부분은 가까운 시일 내에 허들을 넘어설 수 있을 전망이다.

첫째 문제는 가격이다. 지금의 우주 산업이 관심을 받고 추진되기까지 민간을 중심으로 가격을 낮추기 위한 노력이 많았고, 이들 노력이 뛰어난 성과를 거둔 것은 사실이다. 하지만 위성 제작이나 발사에 들어가는 비용이 더 낮아져야 한다는 분석이 있다.

맥킨지는 대규모 저궤도 위성통신 사업이 재정적으로 실행 가능하려면 제조 비용이 기존 위성 제조 비용보다 10배 이상 낮아져야 할 것이라고 한다. 이는 업체들이 현재 달성할 수 있다고 주장하는 비용에서도 최소 75% 낮아져야 한다는 것이다.

둘째 문제는 저궤도 통신위성이 지나치게 많아질 것이라는 점이다. 통신위성이 많아지면 그만큼 위성 간 충돌 가능성도 높아진다. 위성끼리 충돌 시 파편 발생으로 연속적인 충돌도 유발할 수 있다. 실제로 스페이스X와 원웹 위성이 충돌 직전까지 간 적이 있다.

2021년 3월 30일 스타링크 위성과 원웹 위성이 충돌할 뻔했는데, 미국 우주군이 충돌 위험을 알아차리고 두 기업에 적색경보를 전달했다. 두 기업은 위성 위치 변경 등을 시도했고 결국 두 위성은 58m 차이로 빗겨 가며 충돌을 피한 바 있다.

또한 위성이 많아지면 위성들이 사용하는 주파수의 간섭이 일어날 가능성도 그만큼 커진다. 이러한 문제점들을 해결하기 위해서는 고도와 궤도를 다르게 해 위성을 발사한다거나, 고도의 자동화 기술을 적용해 위성이 충돌을 피할 수 있도록 해야 한다. 또한 주파수 분할이나 다른 주파수 채널을 활용하는 등의 대책 마련도 필요하다.

셋째 문제는 우주 쓰레기 배출이다. 이미 지구 저궤도에는 발사체 잔해들과 수명이 다한 위성이 다수 존재한다. NASA에 따르면 지구 저궤도에는 약 9,000톤의 우주 쓰레기가 떠다니고 있다고 한다. 정지 궤도 위성의 경우 수명이 다하면 고도 위로 올라가 먼 우주로 내보내 기도 하고, 저궤도 위성의 경우 대기권으로 재진입시켜 연소시킨다. 이 경우에도 완전 연소되지 않으면 지상 어딘가로 떨어져 문제가 될 수 있다. 우주 쓰레기는 저궤도에서 활동하는 위성들에게도 위협 요 인이 된다. 이로 인해서 우주 쓰레기를 처리하려는 스타트업도 등장 하고 있다.

넷째 문제는 각국의 위성 관련 규제이다. 정지궤도는 고도 약 36,000km 높이에서 지구의 자전 속도와 동일하게 궤도를 돈다. 전 세계적으로 약 600기의 정지궤도 위성이 있는데, 동일 궤도에 위치할 수 있는 위성 수가 제한될 수밖에 없다. 저궤도에서도 위성에 필요한 주파수 할당 제한 등으로 저궤도 위성의 발사가 제약될 수 있다.

우주 쓰레기를 해결하기 위해 디오어빗Deorbit 의무화나 폐기비용 부과와 같은 규제들이 생길 수 있다. 이는 결국 저궤도 위성통신 사 업자들에게 비용 부담으로 작용할 수밖에 없다. 또한 전 세계를 대상 으로 인터넷 서비스를 제공하려고 할 때 각국이 자국의 통신 산업 보 호를 목적으로 통신 규제를 강화할 경우 예상보다 저궤도 위성통신 시장이 확대되는 속도는 늦어질 수 있다.

꼭 알아야 할
우주 산업 투자 포인트

우주 산업에 대한 투자는 시장이 이제 성장하기 시작한 만큼 긴 그림에서 투자하기에 적합하다. 어떤 성장 과정을 거칠 것이냐 하는 것이 관건인데, 단기적으로는 위성이나 지상 안테나, 발사체를 제작하는 기업이 주목받을 것이고, 장기적으로는 위성 서비스를 제공하는 기업들이 유망해 보인다.

한국 기업의 경우 우주 산업에 대한 투자를 주로 정부가 주도하고 있고, 특히 군사용 사업에 대규모 예산이 투입되고 있기 때문에 군사용 시장에 참여하는 기업들을 눈여겨볼 필요가 있다. 마지막으로 우주 산업에 대한 투자는 단기적인 실패와 성공에 일희일비해서는 안 된다. 스페이스X의 팰컨1 로켓도 세 번의 실패 끝에 성공했다. 결국 오늘날 재사용이 가능하고, 발사 비용도 저렴한 팰컨9, 팰컨 헤비로 거듭나 전 세계 우주 산업을 선도하고 있다는 점에서 실패에 굴하지 않고 계속 투자해 갈 수 있는 기업을 주목해야 한다.

스페이스X의 기업 가치는 얼마나 될까?

2012년 초 일론 머스크는 스페이스X의 지분 약 2/3를 가지고 있었고, 당시 그의 지분 가치는 사모펀드 시장에서 약 8.8억 달러(약 1조 원)로 평가받았다. 환산해 보면 스페이스X의 가치는 2012년 약 13억 달러(약 1.6조 원)로 평가받았던 것이다. 2012년 5월 우주선 드래건이 국제 우주 정거장에 민간 상업용 우주선으로서는 처음으로 화물 운송에 성공하자 기업 가치는 24억 달러(약 3조 원)로 2배 가까이 뛰었다.

2014년 스페이스X는 ULA United launch Alliace가 독점했던 군사용 발사 시장에 진입했고, 그해 발주된 20건의 발사 계약 가운데 9건을 따는 성과를 거두었다. 그리고 이듬해인 2015년 1월 스페이스X는 구글과 피델리티 Fidelity로부터 10억 달러(약 1.2조 원)의 자금을 유치했는데, 이들에게 준 지분율 8.33%로 역산을 해 보면 기업 가치는 120억 달러(약 14조 원)까지 올랐다.

2015년과 2016년 스페이스X는 두 번의 커다란 실패를 겪었다. 그러나 2017년 3월 팰컨9가 재발사에 성공했고, 그해 7월 3.5억 달러(약 4,200억 원)의 펀딩을 받을 때 스페이스X의 기업 가치는 210억 달러(약 25조 원)로 평가받았다. 그리고 2019년 스페이스X는 스타링크 프로젝트를 실행하기 위해 2019년 한 해에만 세 차례에 걸쳐 13.3억 달러(약 1.6조 원)의 자금을 유치했는데, 2019년 5월에는 333억 달러(약 40조 원)로 평가받았던 기업 가치가 2020년 3월에는 360억 달러(약 43조 원)가 되었다.

2020년 5월 민간 기업 최초로 국제 우주 정거장에 2명의 우주인을 보내는 데 성공한 뒤 8월에 실시한 자금 유치에서는 460억 달러(약 55조 원), 2021년 2월에는 740억 달러(약 90조 원)로 평가받았다. 그리고 2021년 스타링크 군집위성을 위한 펀드레이징에서 드디어 스페이스X의 기업 가치는 1,000억 달러(약 120조 원)를 넘어섰다. 2022년에는 약 1,250억 달러(약 150조 원)로 평가받고 있다. 불과 10년 사이에 기업 가치가 100배 정도 오른 셈이다.

물론 스페이스X는 우주 기업 가운데서 예외적인 성공을 거두었을 뿐만 아니라 다른 기업들이 따라갈 수 없는 우주 기술을 보유한 기업이다. 10년 사이에 기업 가치가 100배 올라갔지만 아직도 더 커질 가능성이 높다고 할 수 있다.

한국 기업들의 우주 기술 개발도 이제 시작이다. 우리나라는 세계에서 일곱 번째로 순수 국내 기술로 만든 누리호를 보유한 우주 강국이 되었다. 아직까지 한국의 우주 산업은 정부 주도로 이루어지고 있지만, 한국형 발사체 고도화 사업, 한국형 위성항법 시스템 개발 사업, 초소형 위성 사업 등 많은 사업이 이제 시작 단계에 있다. 한국의 우주 기업들을 관심 있게 볼 때이다.

단기적으로는 위성과
지상 안테나 제작 업체가 유망하다

국내는 고성장이 전망되는 저궤도 통신 사업자가 없다는 점에서 위성 및 관련 부품 제작과 안테나 등 지상장비 업체들에 대한 관심이 유효하다.

국내 위성 및 지상 안테나 제작 업체 가운데 스페이스X나 원웹 등과 같은 저궤도 위성통신 사업자에게 부품을 납품하는 회사로는 인텔리안테크가 있다. 인텔리안테크는 해상용 위성통신 안테나 세계 1위인 이동체 위성통신 안테나 업체로 2022년부터 원웹에 저궤도 위성통신용 안테나를 공급할 예정이다.

또한 국내에서 유일하게 위성을 제작하고 위성 영상 서비스를 제공하는 업체로 쎄트렉아이가 있다. 쎄트렉아이는 2021년 한화그룹에 편입되었으며, 지구 관측 중소형 위성 시스템과 위성 탑재체를 제조하고 있다. 자회사 SIIS와 SIA는 위성 영상 판매, AI 기반 위성 영상 분석 서비스를 제공하고 있다.

유로컨설트의 「우주 섹터 지상 부문 보고서Space Sector Ground Segment Report」에 따르면 2021년에서 2030년까지 누적 지상장비의 시장 가치가 670억 달러(약 80조 원)에 이를 것으로 전망한다. 특히 상업용 기지국과 사용자 터미널에 대한 수요가 급격히 증가할 것으로 예상한다. 저궤도 통신 사업자들은 시장 선점을 위해 소비자들의 이용 요금을 낮추는 것이 급선무이며, 이를 위해 전자식 빔 조향 안테나ESA(Electronically Steerable Antenna) 등 안테나와 지상장비 비용을 절감하고자 노력하고 있다. 결국 가성비 있게 장비를 공급할 수 있는 업체들이 이러한 시장 성장에 따른 수혜를 볼 것이다.

장기적으로는 위성 서비스를 할 수 있는 기업이 유망하다

전 세계 우주 산업 규모나 한국의 분야별 우주 산업 매출 규모를 보더라도 위성 활용 서비스 시장이 가장 크며, 성장 전망도 가장 좋다. 유로컨설트가 집계한 2020년 전 세계 우주 산업 규모는 3,850억 달러(약 460조 원), 이 중 위성 서비스 시장이 2,930억 달러(약 350조 원)로 대부분을 차지한다. 국내도 상황은 크게 다르지 않아 2019년 우주 산업 매출액 3.9조 원 중 2.7조 원이 위성 활용 서비스 및 장비 부문 매출이었다. 2040년까지의 성장률 전망으로도 위성 서비스인 소비자용 브로드밴드 시장의 성장률이 연평균 18%에 이를 것으로 보고 있다.

위성 서비스를 제공하기 위해서는 위성과 지상을 연결해 줄 수 있는 하드웨어와 주파수가 필수적이다. 특히 주파수의 경우 상업용 서비스를 제공하기 위해 꼭 필요하며, 국내 기업 가운데는 한화시스템이 원웹 투자를 통해 Ku대역(2.5Ghz)의 주파수를 사용할 수 있게 되었다. 위성에서 송출한 정보를 가공하는 분야도 중요한데, 쎄트렉아이의 자회사인 SIIS와 SIA는 위성 영상 판매 사업 및 인공지능 기반 위성 영상 분석 사업을 이미 영위하고 있어 관심 있게 지켜볼 만하다.

군사용 시장도 빠르게 성장 중이다

민간과 군은 수집되는 위성 영상의 활용 목적이 달라서 민간의 지구관측위성과 군의 정찰위성은 위성의 궤도, 재방문 주기, 영상 품질 등 요구하는 성능이 다르다. 군 정찰위성은 적의 주요 시설이나 핵심 표적에 대한 영상 정보 수집이 필요하며, 적시성과 영상 정보 수집 대상에 대한 주기적인 관찰이 필요하다.

현재 군 정찰위성개발 사업(425사업)이 진행 중이며, 총 5기의 위성을 2023년부터 순차적으로 전력화할 예정이다. 또한 군 초소형위성체계 사업과 군 위성통신체계-II 사업도 추진 중이다. 군 초소형위성체계 사업의 경우 2023년을 목표로 개발 중이며, 총 44기의 위성을 띄워 북한과 그 주변 지역을 30분 이내의 간격으로 정찰할 예정이다. 군 위성통신체계-II 사업은 현재의 군 위성통신체계(무궁화5호)를 대체하는 사업이다.

언론 보도에 따르면 2022년 군 초소형위성체계 사업 예산은 112억 원이 책정되었으며, 2025년 한국형 발사체 1호기로 발사될 예정이다. 초소형 SAR 위성의 1기당 제작 비용은 약 70억 원(대형 위성의 1/30)이며, 무게도 100kg 미만이다. 현재 군 정찰위성개발 사업은 한국항공

우주-한화시스템 컨소시엄이 개발 중이며, 군 초소형위성체계 사업은
한국항공우주, LIG넥스원, 한화시스템 등이 경쟁할 것으로 예상된다.

그림 12. 주요 군 위성 사업 관련 예산 추이

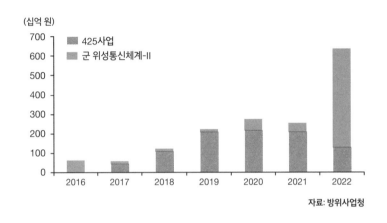

자료: 방위사업청

그림 13. 한화시스템-쎄트렉아이의 초소형 SAR 위성

자료: 한화시스템

한 번 위성을 쏘아 올린 기업이
계속 쏘아 올린다

우주 산업은 헤리티지가 중요한 산업이다. 인공위성은 첨단 기술을 적용했느냐보다 확실하게 작동하느냐가 중요하다. 위성이 소형화되면서 위성을 개발하고 제작하는 데 들어가는 비용이 적어지다 보니, 소형 위성의 경우에는 과거처럼 지상에서 정밀한 시험을 거치지 않는다. 바로 우주로 보내서 정상적으로 작동하는지 본다. 정상적으로 작동하면 그 부품들은 이후에도 계속 사용할 수 있다.

우주 산업을 담당하는 기업들이 만든 부품이나 제품이 우주에서 정상적으로 작동하게 되면, 이러한 부품이나 제품을 다른 것으로 바꾸기 쉽지 않다. 예외가 있긴 하다. 스페이스X 같은 기업이다. 과거 미국은 보잉Boeing과 록히드 마틴Lockheed Martin의 합작사인 ULAUnited Launch Alliance를 이용해 우주 로켓을 쏘아 올렸다. 로켓이 정상적으로 제 기능을 하고 있으니 굳이 바꿀 필요가 없었고, 미군과 NASA 탐사선 발사를 독점하다시피 했던 ULA는 초과이윤을 누릴 수 있었다. 그러나 스페이스X가 저렴한 발사 비용을 무기로 그들이 독점했던 시장을 조금씩 빼앗아 가자, 이에 대응하기 위해 ULA는 정부에 보조금을 요청하기도 했다.

물론 스페이스X는 예외적인 경우라 할 수 있으며, 대부분의 우주 관련 제품이나 부품 등은 기존에 맡았던 기업들이 계속 생산할 수밖에 없다. 위성을 운영하는 사업자 입장에서도 새로운 부품 사용에 따른 리스크를 부담할 필요가 없기 때문이다.

2022년 2차 시험발사에 성공한 누리호는 이제 민간으로 기술이 이양되어 누리호 발사체 고도화 사업을 추진할 예정이다. 누리호 발사체 개발에 참여했던 한국항공우주, 한화에어로스페이스 같은 기업들이 앞으로 있을 네 차례의 추가 발사를 책임지게 된다.

군 위성 사업도 기존 사업을 수행했던 기업들이 추가로 발주될 물량을 제작하게 된다. 국내에서 발사 준비 중인 위성은 100여 기가 넘는다. 이들 위성을 제작하고 발사할 기업들의 매출은 한 번 발생하기 시작하면 2배, 3배로 커지게 될 것이며, 이는 시간문제일 뿐이다.

2021년 국내 기업들 가운데 우주 산업 매출이 가장 많았던 기업은 한국항공우주이다. 한국항공우주의 우주 산업 매출액은 1,266억 원이었는데, 군 정찰위성 사업이나 차세대 중형 위성 사업 등이 추가될 경우 우주 관련 매출액은 2배 이상 성장할 전망이다.

우주 이벤트, 단기 실패에 흔들리지 말고 장기적으로 접근하라

2020년 여름 스페이스X가 쏘아 올린 유인캡슐이 우주 비행을 마치고 지구로 무사히 귀환했다. 당시 AJRD.US^{Aerojet Rocketdyne Holdings}의 주가는 급등했다. 2021년 초 아크 인베스트^{Ark Invest}가 우주 관련 ETF 출시 계획을 발표하자 우주 관련주의 주가는 올랐다. 같은 해 8

월 한화시스템이 원웹 지분 8.8% 인수를 발표하면서 발표 당일 주가가 7.7%나 상승했다.

우주 이벤트로 인해 주가가 오르기만 하는 것은 아니다. 2021년 10월 한국형 발사체 누리호가 마지막 46초를 버티지 못하고 더미 위성을 궤도에 올리는 데 실패하자, 누리호를 체계 종합했던 한국항공우주와 누리호에 쓰인 엔진을 제작한 한화에어로스페이스의 주가는 5% 가까이 떨어졌다.

다양한 우주 관련 이벤트는 주가를 변동시키는 힘이 있다. 우주에 대한 관심이 높아지면서 언제 어떤 우주 이벤트가 있는지도 투자자들이 관심을 갖고 지켜본다. 그러나 결론적으로 단기적인 성공과 실패에 기뻐하거나 슬퍼할 필요 없이 장기적인 관점에서 성공의 밑그림을 그려 낼 수 있는지를 보는 것이 중요하다.

스페이스X는 수차례에 걸쳐 실패했지만, 투자를 유치할 때마다 기업 가치는 계속 높아졌다. 사실 우리는 기업들이 우주에 대해 어떤 투자를 하고 있는지 알지 못한다. 기업들의 투자가 확인되는 것은 우주 발사체 발사나, 소형 위성을 발사하는 등의 이벤트 시점일 뿐이다. 하지만 우주 산업에 대한 국내 기업들의 기술 진전은 물밑에서 활발하게 이루어지고 있다.

국내의 경우 이제 우주 산업이 태동하는 단계에 있다 보니 그동안 이를 확인할 수 있는 이벤트가 누리호 발사처럼 드물게 이루어진 것이 사실이다. 그러나 국내 기업들의 기술 진전이 활발하게 이루어지고 있는 만큼 이러한 기술의 발전을 확인할 수 있는 이벤트도 점점 다양해지고, 그 중요성도 더욱 커져 갈 것이다. 각각의 이벤트가 성공했는지 실패했는지에 초점을 맞추기보다 그러한 이벤트가 지향하는 지점이 어디이며, 실패한 이벤트에서도 얼마만큼의 기술 진보를 확인했는지에 초점을 맞추고 본다면 좋은 투자 성과를 거둘 수 있을 것이다.

PART II

신재생에너지
기후 변화가 만들어 낼 에너지 세상

기후 변화와
에너지 시장의 변화

기후 변화로 인한 지구 온난화

2020년 코로나19 팬데믹은 깨끗한 환경에 대한 경각심을 높이는 계기가 되었다. 각국이 코로나19로 봉쇄조치를 강화하다 보니 경제활동이 위축되면서 지구환경이 일시적으로 좋아지는 모습을 경험했기 때문이다. 인도의 루시쿨야 해변에는 출입이 통제되자 올리브바다거북 80만 마리가 산란을 위해 상륙했다고 한다. 중국의 공장 가동이 멈추면서 2020년 우리나라의 미세먼지도 크게 줄었다.

기상재해로 인한 경제적 손실은 해를 거듭할수록 커져 가고 있다. 2021년 한 해 동안 기상재해로 인해 발생한 손실은 3,290억 달러(약 395조 원)이다. 우리나라 1년 예산의 2/3 정도가 기상재해로 날라 간다는 의미이다. 문제는 이러한 경제적 손실이 매년 커지고 있다는 점이다. 2000년대 초반만 하더라도 1,000억 달러(약 120조 원)를 밑돌던 재해 손실은 2010년대 들어서면서 2,000억 달러(약 240조 원)를 넘어섰고, 2017~21년의 평균 재해손실액은 3,400억 달러(약 400조 원)에 이른다.

지구 온난화로 발생하는 기상재해에는 여러 가지가 있다. 북극에서는 영구 동토층이 녹고 있으며, 빙하와 해빙이 점차 사라지면서 해수면이 높아져 몰디브 같은 국가는 바다에 조금씩 잠기고 있다. 사막이 점점 넓어지고 있으며, 폭염과 산불도 발생한다. 기온이 높아지면서 강력한 폭풍이 만들어지기도 하고, 특정 지역에 폭우가 집중되기도 한다.

지구가 온난화되고 있다는 것은 데이터로도 입증되고 있다. '기후 변화에 관한 정부 간 협의체IPCC, Intergovernmental Panel on Climate Change' 가 발표한 자료에 의하면 2011년부터 2020년까지 10년간 지구의 평균 온도는 1850~1900년 평균 온도보다 약 1.09℃ 상승했다. 지상 기온은 10년마다 평균 0.2℃ 상승하고 있다.

현대 이전에도 기후 변화가 존재하긴 했지만, 산업화 이후 기후 변화가 급격하게 발생했으며, 발생 원인도 자연적인 현상이 아니라 인류가 방출하는 온실가스 때문이다. 온실가스란 지구 표면을 가열하는 햇빛을 지표면이 적외선 복사로 우주로 방출하는데, 이때 복사열을 흡수해 지상에 그 열이 남아 있게 만드는 기체들을 말한다. 대표적으로 이산화탄소CO_2가 있으며, 메탄CH_4, 이산화질소NO_2, 수소불화탄소HFCs, 과불화탄소PFCs, 육불화황SF6의 6개 가스를 말한다.

온실가스는 주로 에너지를 만들어 내기 위해 화석연료를 태우는 과정에서 발생한다. CO_2를 기준으로 보면 석탄을 사용할 때 가장 많이 만들어지며 석유, 천연가스 순서로 CO_2 배출량이 많다. 석탄은 주로 전기를 생산하는 발전 분야에서 많이 사용하며, 철강 제품을 만들 때 철광석과 함께 쓰이기도 한다. 석유는 주로 자동차나 선박의 연료로 사용되며, 천연가스는 전기를 생산하거나 가정에서 난방을 하는 데 주로 사용한다. 지구 온난화를 막기 위해서는 온실가스를 줄여야하지만 말처럼 쉬운 일은 아니다.

지구 온난화를 막기 위한 노력들

지구 온난화를 막기 위한 여러 조치가 발표될 수밖에 없는 상황이다. 대표적인 것이 파리기후변화협약과 같은 국제 협약이다. 최초의 UN기후변화협약UN FCCC(UN Framework Convention on Climate Change)은 1992년 6월 154개국이 브라질 리우데자네이루에서 모여 '기후 시스템에 대한 위험한 인간 간섭'을 방지하기 위해 국제환경조약을 제정한 데서 시작했다.

이후 1995년부터 매년 당사국이 참여하는 당사국 총회COP (Conference of Parties)가 열린다. 1997년 일본 교토에서 열린 COP3에서는 국가의 온실가스 감축 의무를 설명하는 교토의정서를 제정했다. 그리고 2015년 COP21에서 파리기후변화협약을 체결했다. 1992년 154

개국이었던 당사국은 현재는 197개국으로 늘었다.

교토의정서는 2020년을 끝으로 발효 기간이 마무리되었으며, 새롭게 파리기후변화협약이 2021년부터 효력을 발휘하고 있다. 이를 신기후체제New Climate Regime라고 부르는데, 신기후체제에서는 지구 평균 온도 상승을 산업화 이전 대비 2℃보다 상당히 낮은 수준으로 유지하고, 나아가 1.5℃ 이하로 억제하는 것을 목표로 하고 있다.

COP21 파리협정 이후 주요 당사국은 국가별로 기후 변화 대응 목표NDC(Nationally determined contribution)를 UN에 제출했는데, 신기후체제를 앞두고 목표가 더욱 구체적이고 강제성 있는 정책들로 변모했다. NDC에 명시되는 내용들은 2050년까지 탄소중립을 달성하고, 지구 온난화를 1.5℃ 이하로 낮추기 위해 어떤 노력들을 할 것인지와 온실가스 배출량 감소 목표 등이 담겨 있다.

2021년 10월 현재 미국, EU, 중국, 일본, 인도 등을 포함한 138개 국이 탄소중립을 선언했다. 이들 나라는 전 세계 경제의 90%, 세계 온실가스 배출량의 88%, 세계 인구의 85%를 차지한다. 우리나라도 2050년까지 탄소중립을 선언했고, 2018년 대비 2030년 온실가스 감축 목표를 40%로 상향했다.

영국 의회는 선진국 중 최초로 2050년 탄소중립을 목표로 기후변화법Climate Change Act을 개정, 탄소중립 목표를 법제화했다. 중국도 2020년 9월 시진핑 국가주석이 미국에서 열린 제75차 UN총회 화상 연설에서 2030년을 정점으로 탄소 배출량을 감축하고 2060년까지 탄소중립을 달성하겠다고 밝혔다. 미국도 2021년 바이든 대통령이

파리기후협약에 재가입하는 행정명령에 서명했다.

전 세계 138개국은 탄소중립 선언에 그치지 않고 석탄 발전의 단계적 감축에도 합의했다. 저감장치 없는 석탄발전소는 단계적으로 줄여 가고, 비효율적인 화석연료 보조금도 단계적으로 폐지하기 위해 노력한다는 데 합의한 것이다.

탄소중립이 화석연료 사용의 억제에만 머물고 있는 것은 아니다. 탄소중립을 신산업 육성과 성장의 기회로 활용하는 국가들도 있다. EU는 탄소중립을 위해 1조 유로(약 1,400조 원)의 대규모 재정을 지원할 예정이며, 사회기후기금 조성이나 탄소국경조정제도 도입 등을 추진하고 있다. 2019년 12월 유럽 그린딜을 발표한 데 이어, 2021년 7월 핏 포 55Fit for 55를 발표했다.

핏 포 55는 2030년까지 유럽연합의 온실가스 배출량을 1990년 배출량 대비 55%까지 줄이기 위한 입법안 패키지를 말한다. 탄소 가격 결정 관련 입법안 4개, 감축 목표 설정 관련 입법안 4개, 규정 강화 관련 입법안 4개 및 사회기구기금 등으로 구성된다.

입법안에는 배출권 거래제를 신설하거나 강화하고 탄소국경조정제도를 도입하는 한편 내연기관에 대한 규제와 대체 연료 인프라를 확충하는 내용 등이 담겨 있다. 기존 온실가스 배출권 거래제 적용 대상인 전력, 철강, 화학 등에 해상운송, 육상운송 및 건축물 분야를 추가하고 항공 분야 온실가스 할당량을 단계적으로 축소해 갈 예정이다.

또한 탄소 누출을 막기 위해 EU 배출권 거래제와 연계해 2026년부터 역내 수입품에 탄소 배출량에 따른 비용을 부과한다. 탄소 감축 목표를 상향하고 친환경 에너지로 전환하는 것에 대한 인센티브 부여도 담겨 있다. 2035년부터 내연기관 출시를 금지하며, 친환경 차량 개발·생산·사용을 촉진하기 위해 대체연료 인프라도 확충하는 목표를 제시했다. 항공 및 해상운송 부문에서는 친환경 연료 사용을 독려하기 위해 관련 지침을 신설하는 내용도 담겨 있다.

미국은 2035년까지 발전 부문 탈탄소화 및 수소, 에너지 저장 장치ESS(Energy Storage System), CDRCarbon dioxide removal 등 청정기술 개발에 대규모 투자를 추진한다고 발표했다. CDR란 대기 중의 CO_2를 직접 제거하거나, 나무를 많이 심는 등의 방법으로 CO_2를 제거하는 것을 말한다.

영국은 발전 부문 탈탄소화에 최대 300억 파운드(약 48조 원)를 투자하고 해상풍력, 에너지 저장 장치 확대 및 수소 생산 설비 구축을 추진할 예정이다. 여기에만 약 1억 4,000만 파운드(약 2,200억 원)를 투자하겠다고 밝혔다. 일본도 10년간 2조 엔(약 20조 원)의 탄소중립 기금을 조성하고 해상풍력, 수소, 암모니아 등 신산업 육성을 추진할 예정이다

금융시장에서도 CO_2 배출 기업에 대한 투자 제한은 강화되고, 친환경 기업에 대한 투자는 확대되고 있다. 유럽투자은행EIB, 프랑스 AXA, 미국의 블랙록BlackRock, 골드만삭스Goldman Sachs, JP 모건 JP Morgan 등이 이러한 투자 트렌드를 선도하고 있다. 전 세계적으로 ESG(환경Environment, 사회Social, 지배구조Governance)에 투자된 자산 규모

도 2014년 18조 달러(약 2경 1,600조 원)에서 2018년 30조 달러(약 3경 6,000조 원), 2022년에는 40조 달러(약 4경 8,000조 원)까지 늘어났다.

글로벌 기업들도 저탄소 투자 전환 등 탄소중립 경영전략을 추진하고 있다. 2022년 6월 현재 애플을 포함해 전 세계적으로 374개 기업이 RE100 참여를 선언했다. RE100이란 기업들이 사용하는 전력을 100% 재생에너지로 충당하겠다는 캠페인을 말한다. 1년 반 사이에 80여 개 업체가 늘었으며, 국내에서는 현대차, SK 등 21개 업체가 동참하고 있다.

ESG 경영도 확산되고 있다. 세계 최대 자산운용사 블랙록은 2021년 1월 기업들에 탄소중립 달성 전략을 공개하라고 요구하기도 했다. 전통 화석에너지 기업들도 탄소중립을 선언하고 친환경 사업으로의 전환을 추진하고 있다. 영국의 BP는 2020년 2월 2050 탄소중립을 선언했으며, 로열 더치 셸과 프랑스의 토탈Total도 재생에너지 등으로 비즈니스 전환을 검토한다고 발표했다.

지속 가능한 전력 생산 수단, 신재생에너지

지구 온난화를 막기 위한 각국 정부의 규제가 강화되고, 기업들의 전략적 전환이 이루어지면서 에너지원 가운데 온실가스를 많이 발생하는 에너지원, 특히 석유와 석탄에 대한 수요를 줄이는 것이 더욱 중요해졌다. 주 소비처별 에너지원의 사용 흐름으로 볼 때 석유는 운송용으로 사용되는 수요를 줄이는 것이 중요하고, 석탄은 발전용으로 사용하는 수요를 줄이면 온실가스 감축 효과가 크게 나타난다.

운송용으로 사용되는 에너지는 전체 에너지 소비의 30%가량을 차지하며, 오일이 운송용 에너지 소비에서 차지하는 비중은 90%(2019년 기준 91.4%)를 넘는다. 우리가 운송 수단으로 쓰는 자동차, 버스, 트럭, 비행기 등이 모두 원유를 쓴다고 보면 된다. 원유만 따로 놓고 보면 원유의 60% 정도는 운송용으로 소비된다. 운송 수단은 크게 육상·해상·항공으로 구분되는데, 육상에서 사용되는 비중이 약 80%로 대부분을 차지하고, 해상운송과 항공에 약 10%가 사용된다.

운송용으로 사용되는 원유를 대체할 수 있는 에너지원은 전기나 수소 등이다. 국제에너지기구IEA(International Energy Association)의 전망에 의하면 운송에 사용되는 원유의 비중은 2040년 최대 62%까지 감소하고, 전기와 바이오에너지 비중이 각각 12.9%, 16.3%로 높아질 것으로 예상한다. 원유 대신 전기차나 바이오디젤이 사용될 것이며, 운송용 전기와 바이오디젤 수요는 2030년까지 연평균 12.3%, 11.5% 성장할 것이라는 예상이다.

바이오디젤은 식물성 기름이나 동물성 기름을 화학 처리해 경유와 유사한 연료로 만드는 것을 말한다. 요리할 때 사용하는 콩기름 같은 것들이 식물성 기름의 대표적인 예이다. 연평균 성장률에 대한 이해를 돕기 위해 말을 덧붙이자면 한국의 경제 성장률이 3% 미만에 불과하고 전 세계 에너지 소비도 매년 1~2%씩 증가하는 데 그치고 있다. 이에 비하면 운송용 전기와 바이오디젤의 성장률은 매우 높은 수준이다.

석탄은 전체 사용량의 70%가량(2019년 72.5%)이 전기나 열을 만드는 데 소비된다. 25% 정도가 산업용으로 사용되고, 나머지가 가정/상업용으로 사용된다. 가정/상업용으로 사용되는 석탄은 연탄을 생각하면 되는데 요즘은 거의 사용되지 않는다. 산업용 수요는 주로 철강재를 만드는 데 사용된다고 보면 된다. 철광석을 녹이기 위해 석탄(코크스)을 사용한다.

석탄 소비를 줄이려면 산업용 석탄을 줄이기는 어렵고 가정/상업용은 비중이 미미하다 보니, 전기나 열을 만드는 데 사용하는 석탄을 줄여야만 한다. 석탄발전량 자체를 줄이거나, 석탄발전 과정에서 배출되는 CO_2만 따로 모아서 저장하는 기술CCS(Carbon Capture Storage)을 적용해야 한다.

CCS에 대한 관심은 예전부터 높았으나, 전 세계 CCS 시장은 아직 다양한 기술을 대규모로 실증하는 단계에 머물러 있어 상용화가 쉽지 않아 보인다. 2013년에 전망한 2024년 CCS 시장 규모는 107억 달러(약 13조 원)였으나, 2018년에 전망한 2026년 시장은 56억 달러(약 6조 원)로 예측될 만큼 성장 속도가 더디다.

결국 석탄 소비를 줄이려면 석탄발전량을 줄이고, 가스나 신재생발전을 늘리는 방법밖에 대안이 없다. 2021년 현재 전 세계 석탄발전소의 발전용량은 2,045GW에 달하며 79개국에서 2,400개 이상의 석탄화력발전소가 운영 중이다. 그중 중국이 1,110개의 석탄화력발전소를 운영하고 있으며 발전용량으로 보면 전 세계 석탄화력발전소의

51%를 차지한다.

개발 중인 석탄화력발전소는 2021년 457GW로 2020년보다 13% 줄었고, 신규 발전소를 계획 중인 국가도 41개국에서 34개국으로 줄어들고 있다. 하지만 170개 발전소만 폐지가 결정된 상황이라 탄소중립을 달성하려면 석탄화력발전소에 대한 규제는 강화되어야 할 필요가 있다.

그림 14. Primary Energy 원별 최종 소비 흐름

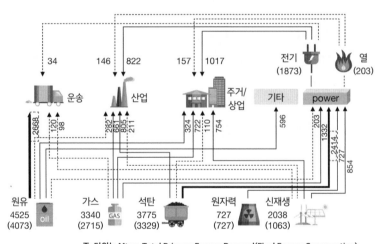

주: 단위는 Mtoe, Total Primary Energy Demand(Final Energy Consumption).
운송용 가스 수요는 한화투자증권 추정치
자료: IEA(2020), 한화투자증권 리서치센터

정리하자면 온실가스를 줄이기 위해서는 인류가 에너지 소비를 줄이거나, 에너지를 사용하는 비중(에너지 믹스)을 바꿔야만 한다. 에너지 소비를 줄이기는 어려우니, 에너지 믹스를 바꿔야 하고, 특히 운송용으로 사용하는 원유나 발전용으로 사용하는 석탄을 줄여야 한다. 이들을 줄일 수 있는 대안은 사실 우리가 이미 알고 있다. 바로 가솔린이나 경유를 사용하는 자동차를 전기로 가는 자동차로 바꾸면 된다. 또 발전용으로 사용하는 석탄을 줄이고 신재생에너지로 전기를 만들면 된다.

기존 화석에너지를 전기로 대체한다는 점에서 전력화Electrification라는 개념이 중요해진다. 전력화라는 개념은 1880년대 중반부터 1950년경까지 영국이나 미국 등 선진국에서의 발전, 배전 시스템을 구축하면서 경제 성장을 가져온 주요 요인으로 평가받는다. 최근에는 '지속 가능한 에너지를 위한 전력화Electrification for sustainable energy'로서 다시 그 개념이 부각되고 있다. 그 중심에 신재생에너지가 있다. 신재생에너지를 통해 전기를 생산하고, 이 전기는 운송 수단에 활용되기도 하고, 가정에 전기나 열을 공급하는 데 사용될 수 있다. 지구 온난화로부터 인류를 지킬 수 있는 지속 가능한 수단이 바로 신재생에너지이다.

주요 기관들이 예상하는 2030년까지의 연평균 전력 생산 증가율은 1.7~1.8%에 불과하지만 석탄발전이 줄면서 신재생에너지를 활용한 전력 생산은 연평균 5% 이상 증가할 것으로 전망한다. 특히 태양광과 풍력은 예측기관마다 차이는 있지만 평균적으로 10% 전후의 성장을 보일 것으로 예상한다. 온실가스 감축이라는 전제를 달성하기에 최적의 대안이 바로 신재생에너지를 활용한 전력화인 것이다.

신재생에너지에 대한
이해와 미래 전망

신재생에너지란?

에너지 시장은 어떻게 바뀔 것인가?

신재생에너지를 이해하기 위해 먼저 에너지에 대해 살펴보자. 에너지의 사전적 정의는 물리적인 일을 할 수 있는 능력을 말한다. 운동에너지, 위치에너지, 열에너지 등 어려운 말이 많지만 쉽게 생각하면 우리가 먹고, 입고, 쓰고, 노는 데 사용되는 것들이 다 에너지라고 보면 된다. 곡식이 잘 자라려면 태양에너지가 필요하고, 음식을 가공하고 우리가 입는 옷을 만들려면 공장이 돌아가야 하는데 공장에 전력을 공급하려면 전기에너지가 필요하다.

자동차나 비행기 같은 운송 수단을 움직이려면 엔진을 움직이게 만드는 힘이 필요하다. 겨울철 추위를 피하기 위해 난방을 하려면 가스가 필요하다. 모두 에너지이다. 이러한 에너지 가운데 변환이나 가공의 과정을 거치지 않고 자연 상태에서 직접 얻을 수 있는 에너지를 1차 에너지라고 한다. 석유, 석탄, 천연가스, 원자력, 목재, 수력, 풍력, 태양광, 지열 같은 것들이 여기에 속한다.

1차 에너지 소비는 인구도 늘고 경제 규모도 커지고 있으니 당연히 늘어날 수밖에 없다. 잘사는 나라일수록 경제 규모가 이미 커진 만큼 에너지 소비량이 빠르게 늘지 않지만, 그렇지 못한 나라는 경제 성장률이 높아지면 에너지 소비량도 빠르게 늘어날 것이다. 또한 잘사는 나라들은 에너지 효율이 높은 제품을 쓰다 보니 에너지 소비가 크게 늘어나지 않을 수 있지만 그렇지 못한 나라에서는 고효율의 에너지 제품 비중이 낮아 에너지 소비가 더 많을 수 있다.

OECD 국가들의 에너지 소비는 2000년대 들어 한 자릿수 미만의 증가율을 보이는 반면 비OECD 국가의 에너지 소비가 상대적으로 가파르게 증가하면서 전 세계 에너지 소비를 견인하고 있다. 에너지 소비는 소득에 비례해 증가하는 경향이 있지만 인당 GDP가 약 4만~5만 달러(약 4,800만~6,000만 원) 수준에 도달하면 오히려 줄어드는 것으로 나타난다.

에너지 소비는 경제 성장 속도에 민감하다. 1980년부터 2019년까지 에너지 소비 증가율과 경제 성장률 간의 상관계수는 0.86으로 높다. 밀접한 연관관계가 있다는 의미이다. 또한 선진국보다는 신흥국을 중심으로 에너지 소비가 증가하다 보니 신흥국의 경제 성장 속도가 빨랐던 2000년부터 2009년까지 에너지 소비 증가율이 높게 나타났다.

IMF가 전망하는 2023년부터 2027년까지 신흥국의 연평균 경제 성장률은 4.4%(2022년 4월 전망치 기준)이다. 이는 2010년부터 2019년까지 신흥국의 연평균 경제 성장률(5.07%)보다는 다소 낮지만, 선진국의 연평균 경제 성장률(1.8%)보다는 높다. 전 세계 에너지 소비는 앞으로도 신흥국을 중심으로 늘어날 것으로 전망하지만 세계 경제 성장률로 볼 때 과거 수준인 1%대 성장률이 큰 폭으로 늘어나기는 어려워 보인다.

주요 에너지 전망기관이나 에너지 회사들의 전망도 2030년까지 전 세계 에너지 수요는 1%대 성장을 기록할 것으로 보고 있다. 에너지 수요는 더디게 증가하지만 에너지 소비에서 전력이 차지하는 비중은 더욱 커지면서 전력 생산 증가율은 에너지 소비 증가율을 상회할 것이다. 에너지 수요의 많은 부분에서 전력화가 중요한 역할을 차지할 것이라는 것이 주요 전망기관의 공통된 견해이다.

신재생에너지, 태양광발전, 풍력발전이란?

신재생에너지란 신에너지와 재생에너지를 합쳐 부르는 말이다. 신에너지란 수소나 연료전지 같은 것들을 의미하며, 재생에너지는 해, 바람, 비, 조류 등과 같이 고갈되지 않는 재생 가능한 에너지를 말한다. 우리나라의 신재생에너지는 '신에너지 및 재생에너지 개발·이용·보급 촉진법 제2조'의 정의에 따라 '기존의 화석연료를 변환시켜 이용하거나 햇빛, 물, 지열, 강수, 생물 유기체 등을 포함하는 재생 가능한 에너지를 변환시켜 이용하는 에너지'라고 정의한다. 석유, 석탄, 원자력, 천연가스를 제외한 11개 분야의 에너지를 신재생에너지로 분류했다. 여기에는 태양열, 태양광발전, 바이오매스, 풍력, 소수력, 지열, 해양에너지, 폐기물에너지의 8개 재생에너지와 연료전지, 석탄액화·가스화, 수소에너지를 신에너지로 분류하고 있다.

태양광발전이나 풍력발전은 뒤에서 좀 더 자세히 설명하기로 하고, 몇 가지 재생에너지를 간략히 설명하겠다.

바이오매스란 열이나 전기를 생산하기 위해 연료로 사용되는 목재나 다년생 에너지 작물을 말한다. 요리나 난방을 목적으로 수확한 나무나, 사탕수수·옥수수·유채와 같이 에너지를 얻을 목적으로 키우는 작물들이 여기에 속한다. 사탕수수나 옥수수 같은 작물은 설탕과 전분을 만드는 데도 사용되지만 바이오에탄올을 만드는 데도 사용되며, 유채는 바이오디젤을 만드는 데 사용된다. 미국은 바이오에탄올 최대 생산국이고, EU는 바이오디젤 최대 생산국이다.

소수력이란 수력발전 가운데 규모가 작은 발전을 말한다. 대체로 10~30MW의 발전용량을 가진 시설을 소수력발전소라 부른다. 대규모 수력에 비해 토목 건설 작업이 적고, 환경 영향이 상대적으로 적다는 장점이 있다.

태양광발전

태양광은 태양이 방출하는 에너지를 활용해 전기나 열을 만드는 것을 말한다. 태양은 태양계에 거대한 에너지를 50억 년 동안 계속

해서 방출하는 무한 에너지원이다. 태양의 외부 온도는 6,000℃, 중심부 온도는 1,500만℃ 이상으로 추정되며, 수소 핵융합 반응으로 에너지를 생성해, 그 에너지를 전자파인 복사에너지의 형태로 약 1억 5,000만km 떨어진 지구까지 보낸다. 태양에서 방출하는 에너지를 100이라고 하면 지표면에 도달하는 에너지는 50밖에 안 된다. 30은 우주로 반사되고, 20은 구름과 대기에서 흡수되기 때문이다.

태양에서 지구로 오는 빛을 전기로 바꾸려면 태양전지PV (Photovoltaics)/Solar Cell가 필요하다. 태양전지 재료와 장치는 1839년 프랑스 물리학자인 에드몽 베크렐Edmond Becquerel에 의해 최초로 발견되었다. 애드몽 베크렐은 어떤 물질이 햇빛에 노출되면 작은 양의 전기를 생산할 수 있다는 것을 알게 되었다.

하지만 이를 입증하는 데는 상당히 오랜 시간이 걸려 1950년대에 들어서야 4% 정도의 효율이 나는 태양전지가 만들어졌다. 1958년 미국 뱅가드Vanguard 우주위성의 작은 태양전지 배열이 라디오 전원을 공급하는 데 성공했으며, 그 이후로 태양전지 기술이 우주 프로그램에 사용되기 시작했다.

태양전지 기술은 반도체 기술이 발전하면서 같이 발달했다. 반도체에 사용되는 트랜지스터와 태양전지가 유사한 물질로 구성되며, 유사한 물리적 메커니즘으로 작동하기 때문이다. 특히 1970년대 중반 오일 쇼크로 화석연료를 이용한 에너지 비용이 올라가면서 태양전지에 대한 정부나 기업의 투자가 늘기 시작했다. 2010년대 이후 태양전지 비용이 급격히 낮아지면서 타 에너지원 대비 경제성이 높아

태양전지는 어떻게 전기를 만드나요?

햇빛을 전기로 바꾸는 것을 광전효과라고 부른다. 특정 주파수 이상의 빛이 특정 금속 물질에 닿으면 전자가 방출된다. 햇빛은 광자 또는 태양에너지의 입자들로 구성되며, 다양한 주파수 스펙트럼을 갖고 있다.

태양전지는 주로 실리콘으로 이루어진 반도체로 구성된다. 실리콘은 빛에 잘 반응하고 전기적 안정성이 높아 빛에너지를 전기에너지로 변환시켜 주는 주요 역할을 한다.

태양에너지의 입자가 태양전지에 닿게 되면 반사되거나, 흡수되거나, 통과하게 된다. 이때 태양전지에 흡수되는 광자는 반도체를 구성하는 물질들과 상호작용을 한다. 광자에너지는 반도체의 원자 주변 전자(-)에 전달되고, 전자는 광자에너지에 밀려 자기 위치에서 이탈하게 된다. 전자가 자기 위치에서 빠져나가면 정공(+)이 만들어지고, 쌍으로 만들어진 전자와 정공이 움직이기 시작한다.

전자와 정공은 자유롭게 움직이다가 소멸하게 되는데, 전자와 정공을 소멸시키지 않고 전류로 만들기 위해 태양전지 내에서 각각 다른 성질을 갖고 있는 P형 반도체와 N형 반도체를 잘 접합해 주어야 한다. 전자는 N형 반도체 쪽으로 이동하고, 정공은 반대 방향인 P형 반도체 쪽으로 이동하게 되면 한쪽 방향으로 일정하게 흐르는 전기의 흐름, 즉 전류가 만들어지는 것이다.

졌고, 기후 변화 이슈 등으로 태양전지는 더욱 각광받게 되었다.

태양전지를 구성하는 시스템은 크게 셀Cell, 모듈Module, 배열Array로 이루어진다. 셀은 주로 실리콘을 원재료로 만든다. 실리콘 말고도 갈

륨비소 등 여러 재료가 태양전지 셀에 사용될 수 있지만, 실리콘이 가장 일반적으로 사용된다. 실리콘은 모래 등에 있는 규소를 용융해서 만드는데, 규소는 지구상에서 산소 다음으로 풍부한 물질이다. 다만 태양전지에 사용되는 폴리실리콘은 순도 99.9999%로 정제되어야 하기 때문에 규소로부터 폴리실리콘을 만드는 과정은 복잡하다.

실리콘을 녹여 거대한 기둥 모양으로 가공해 잉곳Ingot을 만든 다음, 잉곳을 얇게 절단하고 연마하면 웨이퍼Wafer가 된다. 이 웨이퍼에 표면 처리를 하고, P-N접합의 도핑, 반사막 코팅, 전극 패턴 인쇄, 열처리 등을 거쳐 반도체에 연결하면 셀이 만들어진다.

셀은 크기가 1~10cm 정도이며, 1개의 셀이 생산하는 전력은 1~2W 정도로 출력이 아주 작다. 출력을 높이기 위해서 여러 개의 셀을 연결해 모듈을 만든다. 2개의 실리콘 모듈을 연결하면 가로등의 전원을 공급할 수 있을 정도의 전력을 생산할 수 있다.

발전소와 같이 대규모의 전력을 생산하기 위해서는 여러 개의 모듈을 연결해야 하는데, 이를 배열이라고 한다. 모듈 또는 배열 그 자체로는 시스템을 구성하기 어려운데, 여기에 태양전지가 만들어 낸 직류 전력을 교류로 바꿔 주는 인버터, 전력조절기, 구조물 들이 더해지면 비로소 태양광발전 시스템이 만들어진다.

풍력발전

바람은 우리가 숨을 크게 들이쉬었다 내뱉으면 나오는 것처럼 압력이 높은 곳에서 낮은 곳으로 공기가 움직이면서 생긴다. 바람도 태양에너지의 한 형태라고 볼 수 있는데, 햇빛이 지표면을 균일하게 가열하지 않다 보니 지표면에 따라 압력 차이가 나타난다. 지구 표면도 지역마다 높낮이가 다르고 압력도 달라서 고기압과 저기압의 차이로 인해 바람이 생긴다. 바람의 방향은 지구의 지형, 강이나 바다, 식물 등에 따라서 변화한다. 인류는 바람이 흐르면서 생기는 운동에너지를 이용해 배를 띄우기도 하고 연을 날려 소식을 전하기도 했다.

바람이 전력을 생산하는 데 사용된 것은 19세기 후반으로, 1891년 덴마크의 폴 라 쿠르가 최초로 풍력발전기를 개발했다. 농장주의 아들로 태어난 폴 라 쿠르Poul la Cour는 날개의 수는 적게 하고 회전 속도를 높이면 에너지가 높아진다는 사실을 발견했다. 이후 산업혁명으로 증기기관이 개발되면서 유럽의 풍차가 증기기관에 일시 밀려나기도 했지만, 제2차 세계대전 중에는 풍력터빈Wind Turbine을 대형화해서 주변 지역에 전기를 공급하기도 했다. 풍력에 대한 관심은 제2차 세계대전이 끝나고 화석연료의 가격이 싸지면서 줄어들었으나, 1970년대 오일쇼크를 거치며 다시 높아졌다.

풍력발전이란 풍력터빈을 통해 바람의 운동에너지를 기계적 운동을 거쳐 전기에너지로 변환하는 장치를 말한다. 바람이 갖고 있는 운동에너지의 공기역학적인 특성을 이용해 풍력터빈의 회전자Rotor를 회전시켜 운동에너지를 기계에너지로 변환시킨다. 그리고 회전자는 발전기와 결합된 축을 회전시켜 전기를 생산한다.

풍력터빈은 회전자의 축 방향에 따라 수직축 풍력터빈과 수평축 풍력터빈으로 분류된다. 회전자 축이 지면에 대해 수직으로 회전하는 수직축 풍력터빈은 풍향 변화에 영향을 받지 않으며, 구조가 간단해 시스템 가격이 낮다. 하지만 수평축 풍력터빈에 비해 에너지 변환 효율이 낮다는 단점이 있다.

반면 회전자 축이 지면에 대해 수평으로 회전하는 수평축 풍력터빈은 바람 추적 장치 등이 필요해 시스템 구성이 복잡해지는 단점은 있다. 하지만 바람에너지를 최대로 얻을 수 있다는 장점이 있어 현재까지 지속적으로 발전하며 가장 안정적인 고효율 풍력터빈으로 인정받고 있다. 전 세계 풍력 시장의 대부분이 수평축 풍력터빈을 사용한다.

전기발전용 풍력터빈은 그 크기가 50kW에서 수MW 규모에 이르기까지 다양하다. 풍력터빈은 여러 기가 모여 풍력발전단지를 형성한다.

풍력발전 시스템은 크게 블레이드Blade, 나셀Nacelle, 타워Tower로 이루어진다. 블레이드는 유입되는 공기의 운동에너지를 받아 양력과 회전력을 유발시키는 장치이다. 나셀은 기어박스, 저속축, 고속축, 발전기, 제어부, 브레이크 등이 탑재된 풍력발전 시스템의 몸통 같은 존재이다. 타워의 상부에 위치한다. 타워는 강관 또는 강격재로 구성되며, 바람은 지상으로부터 높은 곳일수록 강하게 불기 때문에 타워가 높을수록 터빈이 더 많은 에너지를 얻고 더 많은 전기를 만들어 낼 수 있다.

한 가지 재미있는 사실은 풍력발전기는 바람이 아주 세게 불 때는 발전을 하지 않는다는 점이다. 나셀에 들어가는 제어부Controller 때

그림 15. 풍력터빈의 구조 및 구성

Pitch(피치) **피치 시스템** 풍속에 따라 블레이드 각도를 조절하는 장치

Wind direction(풍향)

Low-speed shaft (저속축) 블레이드의 회전력을 기어박스와 발전기에 전달

Rotor(로터) 블레이드가 장착된 회전체

Gear box(중속기) 주축의 저속회전을 발전용 고속회전으로 변환

Generator(발전기) 중속기에서 전달받은 회전력을 전기로 변환

Controller(제어부)

Brake (브레이크)

Anemometer (풍속계)

Blades(블레이드) 바람에너지를 회전력으로 변환

Wind vane(풍향계)

Yaw drive(요 드라이브)

High-speed shaft(고속축)

Nacelle(나셀) 전기 및 제어장치를 둘러싸는 구조물

요잉 시스템 블레이드를 바람방향에 맞추기 위해 나셀을 회전 시키는 장치

Yaw motor(요 모터)

Tower(타워) 풍력발전기를 지지하는 구조물

자료: 한국풍력산업협회 홈페이지

문인데, 제어부는 바람의 속도가 13~26km/h일 때 기계를 가동하고 104km/h까지 바람의 속도가 높아지면 작동을 멈추게 한다. 발전기가 과열될 수 있기 때문에 바람이 아주 세게 불면 가동하지 못하게 하는 것이다.

풍력에너지의 장점은 청정에너지원이라는 것이다. 또한 바람은 고갈되지 않는 에너지원으로 풍력발전소를 한 번 설치해 놓으면 유지·보수 비용 외에는 별도의 비용이 발생하지 않는다.

풍력발전기의 가장 큰 단점은 바람이 항상 불지는 않는다는 점이다. 그리고 바람이 많은 지역일수록 도시로부터 멀리 떨어진 경우가 많으며, 블레이드가 회전할 때 발생하는 소음이 문제가 되기도 한다. 고장이 났을 경우 보수가 어렵다는 단점도 있다. 타워가 높을수록 생산할 수 있는 전기가 많아지지만, 그만큼 유지·보수가 어렵다. 그래서 풍력단지를 지을 때 작동하지 않는 기기들까지 미리 염두에 두고 필요한 발전기 대수보다 더 많은 발전기를 설치하기도 한다.

풍력발전에서 가장 중요한 요소는 바람이다. 바람은 지역 조건에 크게 영향을 받는다. 우리나라는 해안선이 길어 세계에서도 풍력발전용 바람이 많이 부는 나라 중의 하나로 꼽는다. 미국의 풍력전문가 폴 지프Paul Gipe가 조사한 「세계 풍력발전 개황」에 따르면 연평균 풍속이 5.6m 이상인 지역은 우리나라를 포함하여 북미의 동북부 해안, 남미의 동단·북부 지역, 아시아의 동북부 해안, 일본, 히말라야 고산 지역 등이다. 이들 지역은 풍력발전을 하기 적합한 지역이라 할 수 있다.

풍력발전은 설치 장소에 따라 육상풍력과 해상풍력으로 구분하며, 해상풍력은 다시 고정식과 부유식으로 구분한다. 고정식은 바다가 깊지 않은 경우 풍력발전기를 해저면에 고정해 설치하는 방식이며, 부유식은 바다가 깊은 경우 바다 위에 띄워 설치하는 방식이다.

육상풍력은 공사 기간이 짧고, 설치비와 운영비가 적게 들어간다는 장점이 있지만, 소음이나 환경 훼손과 같은 문제가 있어서 민원이 발생할 소지가 높고, 대규모 단지를 설치하기 어렵다는 단점도 있다.

이에 비해 해상풍력은 대규모 단지 조성이 가능하고, 환경이나 지질 조성 비용 등이 적게 들어간다는 장점이 있다. 또한 풍속이 빠르고 육상에 비해 바람이 균일하게 불어 풍력발전기의 수명이 길어지는 동시에 전력의 품질이 높아진다는 점도 긍정적이다.

하지만 단점도 있는데, 연안에 설치하는 고정식은 연안 생태계 훼손, 어업권 등의 민원이 발생할 수 있다. 먼 바다나 심해에 설치하는 부유식 해상풍력의 경우는 설치가 어렵고, 운전 및 유지·보수 비용이 많이 들어가며, 생산한 전력을 육상까지 가져오는 비용이 많이 들어간다는 단점이 있다.

육상풍력의 경우 터빈 발전기가 전체 건설 비용에서 차지하는 비중이 3/4 정도로 대부분을 차지하는 반면 해상풍력의 경우에는 터빈 발전기가 전체 건설에서 차지하는 비중이 1/3밖에 되지 않는다. 나머지는 구조물과 운영비가 각각 1/4 정도, 전력망 계통 연계비가 15% 정도를 차지한다. 유럽을 기준으로 육상풍력의 건설 비용은 1MW의 풍력발전기를 설치하는 데 200만 유로(약 30억 원) 정도 소요되는 데 반해 해상에서는 그 2배 정도가 들어가는 셈이다.

신재생에너지에서 파생하는 것들: 에너지저장장치와 스마트그리드

에너지저장장치

에너지저장장치ESS(Energy Storage System)란 화학Chemical·동역학Kinetic·위치Potential 에너지 등 여러 에너지 형태를 활용하여 최종적으로 전기로 변환시킬 에너지를 저장하는 장치를 말한다. ESS는 효율적인 전력 활용, 고품질의 전력 확보, 안정적인 전력 공급 측면에서 필요성이 커지고 있다.

ESS는 배터리로 대표되는 전력저장원, 전력 변환 및 전압·주파수를 조절하는 PCSPower Conditioning System, ESS를 운영·제어하는 시스템인 PMSPower Management System 등으로 구성된다. 저장장치로는 양수발전PHS(Pumped Hydro Storage) 등의 물리적 저장장치, 리튬이온전지LIB 등의 화학적 저장장치 등이 사용되는데, 리튬이온전지 비중이 많아질 것이라는 전망이 우세하다.

ESS는 용도에 따라 피크 저감용Peak Shaving, 부하 평준화용Load Leveling, 주파수 조정용Frequency Regulation, 신재생 연계용 등으로 구분할 수 있다.

피크 저감용 ESS는 설치자의 전력 사용량이 계약전력 이상으로 넘어갈 때, ESS가 미리 저장해 두었던 전력을 공급해 전기 기본요금의 상승을 방지하는 용도로 사용되는 시스템을 말한다.

부하 평준화용 ESS는 산업용 계시별 요금제에 따라, 낮은 전력량 요금을 적용받는 시간대에 충전하고, 높은 요금을 적용받는 최대부하 시간대에 방전해 전력량 요금을 최소화한다.

주파수 조정용 ESS는 발전소, 변전소 등에 설치되어 전력 수급 차이로 인해 발생하는 주파수 변동을 ESS가 충전, 방전하면서 조정해 전력 품질을 유지하는 데 쓰인다. 신재생 연계용 ESS는 신재생 발전의 특성을 보완해 주는 성격을 갖는다. 신재생 발전은 생산되는 전력량을 예측하는 것이 어렵고, 전력의 출력도 불규칙한 특성이 있다. 이러한 신재생 발전의 전력 품질 저하를 막아 주는 용도로 ESS가 활용된다.

스마트그리드

스마트그리드Smart Grid란 중앙집중적인 전력망 네트워크 구조에서 벗어나, 전기 생산자와 사용자 간의 상호 의사소통이 가능하도록 전력 기술과 IT 기술이 결합되어 만들어진 전력 시스템이다.

현재 전력망은 생산자가 통제하는 수직적·중앙집중적 네트워크이다. 우리가 가정에서 사용하는 전력은 한국전력이 일방적으로 보내 주는 구조이다. 전력망이 처음 설계된 100년 전에는 이 방식이 적합했다. 그러나 1980년대 이래 인구 증가, 주택 및 TV 크기의 확대, 컴퓨터·에어컨 등 가전제품 보급 증가, 산업 발전 등으로 전력 수요는 급증하는데 발전설비 용량은 이를 따라가지 못했다.

따라서 과거와 같은 중앙집중적 네트워크보다는 수평적·협력적이며, 분산된 네트워크로 전기사용량을 유연하게 조절할 필요성이 커졌다. 스마트그리드가 구축되면 생산자와 소비자 간의 상호 의사소통이 가능하기 때문에 사용자의 시간, 용도별 전력 사용량을 발전소에서 정확하게 파악하게 된다.

소비자 입장에서는 전기 요금이 가장 저렴한 시간대에 세탁기 같은 가전제품이 스스로 작동하게 할 수 있고, 전기자동차와 같이 전기를 많이 필요로 하는 제품도 전기 요금이 저렴한 시간에 알아서 충전하도록 할 수 있다.

전력회사에서는 각 가정의 전력 수요를 실시간으로 파악할 수 있고, 가정에서도 전력 사용량을 조절할 수 있게 되면 발전소를 많이 지을 필요가 없다. 현재는 특정 시점, 예를 들어 더운 여름철 냉방을 위해 전력 수요량이 급증하는 경우를 대비해 전력 공급에 차질이 없도록 발전소를 여유 있게 지어 두고 있지만 그럴 필요가 없어지는 것이다. 지역 중심의 소용량 발전이 가능한 시스템 구축만으로도 전력 수요에 충분히 대응할 수 있다.

신재생에너지는 대표적인 분산형 소용량 발전 시스템이다. 그런 점에서 신재생에너지에 대한 투자가 확대되면 ESS, 스마트그리드 시스템 등도 함께 성장할 것이다.

신재생에너지 시장의 변화와 성장

10년 전 예상했던 에너지 시장과 지금의 모습을 비교하다

지구 온난화를 방지하기 위한 노력은 1992년으로 거슬러 올라간다. 2015년 파리기후변화협약 이전에 1997년 일본 교토에서 개최된 유엔 당사국 총회에서 교토의정서를 채택했다. CO_2를 포함해 6개의 온실가스에 대해 38개 선진국을 1차 의무감축대상으로 정해 2005년부터 2020년까지 시행하였다. 파리기후변화협약이 2021년 시행되기 이전부터 이미 각국은 CO_2 배출을 줄이고 신재생 중심으로 에너지 소비를 전환하기 위한 정책을 추진해 온 것이다.

지금으로부터 10년 전 교토의정서 하에서의 에너지 시장 전망은 어땠을까? 2009년 국제에너지기구가 발표한 전 세계 에너지 전망 「WEO2009」 자료에 의하면 전 세계 에너지 수요는 2007년부터 2020

년까지 연평균 1.4% 증가하고, 에너지원별로는 신재생에너지가 연평균 2.2%, 석탄이 2.0% 증가할 것으로 전망했다. 석탄이 2%나 증가할 것이라고 전망한 것을 보면 각국이 CO_2를 줄이기 위한 노력을 다하지 않을 것이라고 본 듯하다.

하지만 10년이 지난 시점에서 IEA의 전망치를 비교해 보면 의미 있는 차이가 나타났다. 전체 에너지 수요의 증가율은 IEA의 전망치와 비슷했으나, 석탄 수요가 10년 전의 전망에 비해 크게 줄었다. 석탄 수요는 2009년 IEA 전망과 비교했을 때 8.5%나 줄어들었다. 또한 원자력에너지에 대한 수요도 2009년 전망치 대비 14.5%나 줄어들었다.

반면 천연가스는 예상보다 수요 증가가 커서 2009년 전망치 대비 10%나 수요가 늘었고, 신재생에너지도 2009년 전망과 비교했을 때 약 2% 정도 수요가 더 늘었다. 에너지 시장에 이런 변화를 야기한 것은 무엇이었을까? 지난 10년간 에너지 시장의 변화를 만들어 낸 요인을 짚어 보면 앞으로 나타날 변화를 예측하는 데 조금은 도움이 되지 않을까? 2009년부터 2020년까지 에너지 시장에서 나타났던 큰 변화를 간략히 살펴보자.

10년 전 예상과 달라진 이유는 무엇일까?

2009년 전망과 2020년의 에너지 수요가 달라진 주요한 이유는 석탄화력발전에 대한 금융지원 제한, 후쿠시마 원전 사고 이후 원자력에 대한 리스크 부각, 북미 셰일가스 개발 확대로 인한 가스 가격 하락, 신재생에너지의 발전단가 하락 등을 들 수 있다.

석탄발전에 대한 금융지원 제한

석탄발전이 지구 온난화의 주범이라는 인식이 강해지면서 정부보다 먼저 금융기관들이 석탄 관련 산업에 대한 대출을 제한하기 시작했다. HSBC 등 주요 민간은행과 아시아개발은행ADB을 비롯한 주요 개발은행MDB들은 2011년부터 석탄화력발전소 건설 프로젝트에 대출을 제한하기 시작했다.

2019년 현재 전 세계 30여 개의 글로벌 은행이 석탄광산 개발 또는 석탄화력에 대한 신규 투자를 중단했다. 그 결과 석탄화력발전소는 타 발전소보다 적게 지어졌고, 전력 생산량도 타 발전원에 비해 낮은 성장률을 보였다. 석탄화력발전소는 선진국보다는 신흥국에서 주로 건설되었는데, 금융지원을 제한함에 따라 자금이 부족한 신흥국 입장에서는 석탄화력발전소를 건설하기 위한 추진 동력이 약해지게 되었다.

후쿠시마 사고 이후 원전 리스크 부각

2011년 3월 일본 후쿠시마 제1원자력발전소에서 지진과 쓰나미로 인한 원자력발전 사고가 일어났다. 1986년 구소련에 있던 체르노빌과 동일한 수준의 원자력발전 사고였다. 일본 도호쿠 지방에 대규모 지진이 발생했고, 15m에 달하는 쓰나미가 원자력발전소를 덮쳤다. 지진을 감지한 원자로는 자동적으로 셧다운되었고, 이를 대체할 비상발전 체계가 작동되었다.

그러나 이내 들이닥친 쓰나미에 원자로 1~4호기가 모두 침수되었다. 원자력발전소는 핵분열 과정에서 발생하는 열로 물을 끓이고, 여기서 만들어진 증기를 이용해 터빈을 돌려 발전을 하게 된다. 핵분열 과정에서 발생하는 열이 너무 과열되지 않도록 냉각수를 공급해 주어야 하는데, 후쿠시마 원자력발전소의 경우 냉각수를 만들어 내는 전력 시스템에 전력이 끊기면서 원자로가 1,200℃까지 치솟았다. 그로 인해 원자로 3기가 폭발하면서 방사능이 누출되었다.

이 사고로 일본은 원자력발전소 가동을 전면 중단했고, 부족한 전력을 천연가스 발전으로 메꿨다. 2015년 8월부터 순차적으로 원자력발전소를 재가동하기 시작했지만, 이 사고로 전 세계적으로 원자력발전소의 안전 기준이 강화되었다.

우리나라도 문재인 정부 시절 탈원전 선언을 하게 된 배경에는 일본 후쿠시마 원자력발전소 사고 영향이 컸다. 어떤 에너지원으로 전력을 생산하는 것이 더 경제적인지를 비교할 때 발전소 건설 비용과 운영 비용을 합산해 에너지원별로 총 비용을 비교한다. 후쿠시마 원자력발전소 사고 이전에는 원자력발전소가 건설 비용은 비싸지만 운영 비용은 싸다고 여겨져 왔으나, 이 사고를 계기로 원자력발전소에서 나오는 핵폐기물의 처리 비용과 향후 폐쇄 비용까지 더해서 봐야 한다는 시각이 강해졌다.

그렇게 될 경우 원자력발전소는 다른 에너지원보다 더 경제적이라고 보기 어렵다는 의견이 많다. 독일도 후쿠시마 원자력발전소 사고 이후 원자력발전소의 단계적 폐쇄를 결정했고, 2022년 말까지 모든 원자력발전소를 폐쇄할 예정이다. 언론 보도에 따르면 원자로 해체 작업에는 1기당 평균 11억 유로(1조 5,000억 원)가 소요된다고 한다. 결국 2019년까지 원자력발전소의 생산 용량은 IEA가 전망한 수치와 비교해 14.5%나 더 줄어들었다.

미국 셰일가스 생산 확대로 가스 가격 하락

2008년을 전후해 미국에서 셰일가스 생산이 늘어나기 시작했다. 셰일가스란 진흙이 수평으로 퇴적하여 굳어진 암석층에 포함된 가스를 말한다. 전통적인 가스와 달리 퇴적암에 포함된 가스이기 때문에 수압을 높여서 암석을 부수고 가스만 채취해야 해서 생산하는 데 기술적 어려움이 있었다.

2008년경 전 세계 유가가 배럴당 100달러(약 12만 원)를 넘어서자, 기술적으로 어렵더라도 가스를 생산하기만 하면 비싼 가격에 팔 수 있다 보니 생산이 늘어나기 시작했고, 생산이 늘면서 생산 기술도 진화했다. 기존에는 퇴적암층마다 지상 플랫폼에서 개별로 파이프를 연결해 가스를 생산했으나, 다각수평시추 방법이 도입되면서 수직으로 들어가는 1개의 파이프에서 수평으로 여러 개의 파이프가 각각의 퇴적암층으로 들어가 가스를 생산하는 방식으로 바뀌었다.

재료는 덜 들어가고 생산효율은 높아지다 보니 유가나 가스 가격이 하락하는데도 생산량은 계속 늘었다. 2010년만 하더라도 미국의 가스 생산량은 러시아에 이어 세계 2위였으나, 2011년부터 러시아를 앞질러 2019년에는 러시아보다 훨씬 더 많은 가스를 생산했다.

미국은 에너지 안보를 목적으로 자국에서 생산되는 에너지원의 수출을 막았다. 자국 내 생산되는 가스량은 늘어나는데도 수출을 하지 못해 미국 내에서는 가스가 수요보다 많이 공급되었고, 당연히 미국 이외 지역에서 거래되는 가스 가격보다 더 저렴하게 유통되었다. 가스 가격이 저렴해지면서 가스에 대한 수요가 늘었고, 2009년에는 IEA가 전망한 전망치보다 가스 수요가 10%나 늘었다.

신재생에너지 발전단가의 하락

발전단가는 앞에서도 잠깐 언급했지만 발전소를 짓는 데 들어가는 비용과 지어 놓은 발전소를 운영하는 데 들어가는 비용을 합산한 후 발전소에서 생산하는 전기의 양으로 나눠 계산한다. 이렇게 비용을 산출하는 이유는 어떤 에너지원이 더 경제적인지를 살펴보기 위해서이다. 이는 국가별로 모두 다르다. IEA가 2009년에 전 세계 에너지 시장을 전망할 때만 해도 태양광발전은 가장 비싼 발전원이었다. 미국을 기준으로 산출한 평균 발전단가이지만 우리나라도 태양광이 다른 발전원보다 비쌌다. 비싸다 보니 각국 정부가 보조금을 지원해주지 않으면 태양광발전을 설치할 이유가 없었다.

히지만 10년 사이에 발전단가는 무려 66~82%가량 낮아졌다. 미국의 경우에는 가스복합화력발전소를 짓는 것보다도 태양광발전 가격이 더 저렴해졌다. 어떻게 이런 일이 가능했을까? 가장 큰 이유는 전세계 태양광발전에 사용되는 셀, 모듈을 중국이 대량으로 생산하면서 원재료 가격이 저렴해졌기 때문이다.

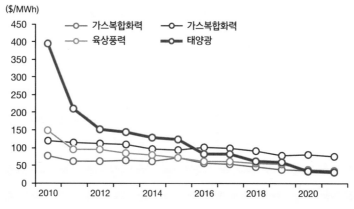

그림 16. 미국의 주요 발전원별 LCOE 추이

(\$/MWh)

범례: 가스복합화력, 가스복합화력, 육상풍력, 태양광

자료: EIA

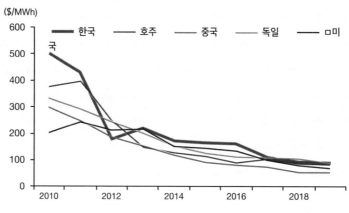

그림 17. 주요국의 고정식 태양광발전 가중평균 LCOE

(\$/MWh)

범례: 한국, 호주, 중국, 독일, 미국

자료: IRENA

대량 생산 이외에도 기술의 발전이 발전단가 하락에 기여한 바가 크다. 태양전지 제작에 사용되는 반도체 칩 기술의 발전과 소프트웨어의 혁신 등으로 제품의 단가가 하락했다. 기술 개발로 우주 사용부품의 단가가 내려간 것과 흡사하다.

LCOE(Levelised Cost of Electriciy)란?

LCOE는 발전소의 전 주기 동안의 발전량 대비 전 주기 동안의 비용Ration of Lifetime Costs to Lifetime Electricity Generation을 말한다. 발전소의 초기 투자비와 자본 비용뿐만 아니라 연료비, 운전유지비, 탄소 가격 등 전력 생산에 필요한 직·간접 비용과 수명 종료 후 폐쇄 비용까지 감안한 총 비용을 할인율을 고려해 추정한 전력 생산 비용이다.

앞으로 에너지 시장은
어떻게 될 것인가?

천연가스: 신재생에너지로 전환하는 데 가교 역할

신재생에너지 확산 전까지는 LNG가 많이 활용될 것

2021년 하반기부터 에너지 가격이 큰 폭으로 상승하기 시작했다. 신재생에너지 비중이 높은 유럽에서는 바람이 불지 않으면서 가스 수요가 커졌고, 엎친 데 덮친 격으로 러시아-우크라이나 전쟁까지 발발하면서 원유 가격도 크게 올랐다. 사실 러시아-우크라이나 전쟁 이전부터 이미 에너지 수요 공급에 대한 불안 요인은 있었다. 기후 변화에 대비해 신재생에너지로 전환하는 과정에서 기존 화석연료에 대한 투자는 줄어들고, 신재생에너지를 통한 에너지 공급이 원활하지 못했기 때문이다.

유럽의 경우 전체 발전량의 24%를 신재생에너지 발전에 의존해 왔으며, 풍력 비중이 전체 발전량의 15%를 차지했다. 그러나 2021년 6~9월 유럽에 평년보다 바람이 적게 불면서 풍력발전을 이용한 발전량 비중이 10%로 낮아졌다.

2021년 초 텍사스 한파, 같은 해 여름 유럽 폭우와 함께 바람이 적게 분 것 역시 이상기후 현상으로 볼 수 있다. 이상기후를 유발하는 지구 온난화를 막기 위해 신재생에너지에 대한 투자가 계속 늘겠지만, 신재생에너지로 완전히 대체하기까지는 기존의 화석연료를 사용할 수밖에 없다.

IEA가 집계한 전 세계 신재생 전력 생산능력은 2020년 현재 2,989GW이다. 현재 각국이 수립해 놓은 에너지 정책상 2030년까지 새롭게 지어야 할 신재생 발전시설의 전력 생산능력은 3,010GW이다. 현재 설치되어 있는 양만큼의 신재생발전소가 앞으로 10년 내에 설치되어야 한다는 의미이다.

신재생에너지로 전환되기까지의 긴 시간 동안 화석연료를 사용해야 하는데 화석연료 가운데서도 CO_2 배출량이 상대적으로 낮은 가스에 대한 의존도는 높아질 수밖에 없다. 전 세계 가스 소비의 41.5%는 발전용으로 사용되고, 24.4%는 산업용, 20.7%는 주거 상업용으로 사용된다. 지역별로 살펴보면 아시아(중국 제외)에서 가스의 50% 이상을 발전에 사용하고 있다. 중국은 발전용 비중은 낮고 산업용이나 주거 상업용으로 가스를 많이 사용하고 있다. 중국이 2017년부터 겨울철 난방을 석탄으로 하는 것에 대해 제재를 가하자 중국에서 난방용 가스 수요가 급증했다.

가스가 유통되는 방식은 크게 2가지이다. 가스는 대부분 파이프라인을 이용해 이송하지만 파이프라인을 깔 수 없는 지역은 가스를 액화시킨 후 선박에 담아 이송한다. 파이프라인으로 보내는 가스를 PNG라 하고, 액체로 만들어 선박으로 보내는 가스를 LNG라 한다. 2000년대 초반만 하더라도 LNG는 대부분 한국, 일본, 대만에서 들여오곤 했다.

미국에서 생산되는 가스가 수출되기 시작하고 중국이라는 새로운 수요처가 생기면서 가스가 유통되는 방식에 큰 변화가 생겼다. 기존에 LNG는 장기공급계약을 해야만 구매할 수 있었지만, 지금은 LNG 유통 물량에서 단기공급계약 비중이 40%까지 높아져 장기공급계약 없이도 LNG를 구매할 수 있게 되었다. LNG를 수입하는 국가도 1997년 9개 국가에서 2020년 42개 국가로 늘었다. 가스 유통 방식에 변화가 생기면서 가스를 더 자유롭게 이용할 수 있게 된 것이다.

2022년 러시아가 우크라이나를 침공하면서 가스 가격은 더욱 강세를 보였다. 특히 가스의 70%를 러시아에서 들여오던 유럽은 러시아 가스 도입량을 장기적으로 '0'까지 줄이겠다고 발표했다. 러시아에서 들여오던 가스를 미국, 카타르, 이집트로 돌리겠다고 하자 LNG에 대한 수요가 더 늘어날 것이라는 기대감이 형성되었다.

중국과 유럽을 중심으로 가스 수요는 늘어날 것이다. 그러나 장기적으로 가스 소비는 다른 화석연료보다 오래 살아남을 뿐 석유나 석탄이 가게 될 길을 갈 것이다.

장기적으로는 수소에너지 등 다양한 에너지원으로 변화할 것

좀 더 긴 안목에서 본다면 수소나, 수소 함유 가스를 활용한 연료전지 등의 사용이 늘어날 것이다. 수소나 연료전지에 대한 기술의 발전 속도가 빨라질수록 이들의 상용화 시기도 빨라지겠지만, 다양한 인프라의 확충 등에 필요한 시간을 고려한다면 수소에너지가 본격화되는 시점은 2030년 이후가 될 것으로 생각된다.

인류가 사용하는 1차 에너지의 대부분은 탄소이다. 파리기후변화협약을 이행하기 위해서는 CO_2 배출을 최소화해야 하는데, 탄소에 기반을 둔 에너지 소비 구조로는 어렵다. 그래서 수소가 각광받고 있다. 수소는 생산 방식에 따라 그린수소·블루수소·그레이수소로 구분되는데, 그린수소를 제외하고는 모두 CO_2가 발생한다. 현재 생산되는 수소의 90% 이상은 정유 공정에서 발생하는 부생수소이다. 수소 시장의 성장을 위해서는 그린수소가 얼마나 싼 가격에 생산될 것이냐가 가장 중요하다.

신재생에너지는 어떻게 변화될까?

태양광발전 밸류체인은 중국이 장악

태양광발전 시스템의 밸류체인은 태양광발전 시스템이 만들어지기까지의 과정과 유사하게 폴리실리콘, 잉곳/웨이퍼, 셀, 모듈, 시스템 설치로 구분할 수 있다. 원유를 생산, 정제, 판매하는 과정을 각각

업스트림Upstream, 미드스트림Midstream, 다운스트림Downstream이라고 부르는데, 이를 태양광발전 밸류체인에 적용하기도 한다. 폴리실리콘과 잉곳/웨이퍼를 만드는 과정을 업스트림이라고 하고, 셀·모듈을 만드는 과정을 미드스트림, 태양광발전 시스템을 설치하고 전력을 생산하는 과정을 다운스트림이라고 부른다.

전 세계 태양광발전 밸류체인은 중국 업체들이 장악하고 있다. 중국 업체들은 전 세계 폴리실리콘의 64%, 잉곳의 95%, 웨이퍼의 97%, 셀의 80%, 모듈의 75%를 점유하고 있다. 우리나라가 글로벌 넘버원이라고 하는 LNG선박 건조 시장에서의 점유율이 80% 정도이니까 중국 업체들의 태양광 잉곳/웨이퍼 시장 점유율은 아주 높은 수준이다. 중국 업체들이 점유율을 높일 수 있었던 이유는 값싼 중국의 전기료와 정부 보조금, 그리고 기업들의 원가 절감 노력 때문이다.

중국의 폴리실리콘, 웨이퍼 업체들은 주로 신장성, 간쑤성 등 중국 북서부에 위치하고 있다. 이 지역은 저렴한 석탄화력발전소가 인접해 있어 전기료가 매우 싸다. 폴리실리콘이나 웨이퍼를 제작할 때 제조 원가의 30%가량은 전기료가 차지하기 때문에 값싼 전기료는 중요한 경쟁력이 된다. 하지만 석탄화력발전소의 전기를 이용해 태양광 소재를 만드는 것은 태양광이 완전히 친환경적인 에너지원이라고 보기 어렵다는 비판에 직면하기도 한다.

중국 정부는 2010년을 전후해 태양광에 대한 투자를 독려하기 시작했고, 2012년부터 대규모 보조금을 지급했다. 또 다른 배경은 원가 절감 노력이다. 중국의 폴리실리콘, 웨이퍼 업체들은 계속해서 생산

능력을 늘려 왔는데, 생산량이 일정 수준 이상을 넘어서게 되면 이익이 확대되는 규모의 경제 효과가 나타난다. 중국 기업들은 값싼 인건비에 규모의 경제 효과까지 누리면서 가격 경쟁력을 높일 수 있었다.

2020년 기준 폴리실리콘 생산 1위 기업은 중국의 퉁웨이Tongwei이다. 1982년 설립된 퉁웨이 솔라Tongwei Solar는 2017년만 해도 폴리실리콘 생산량이 2만 톤도 채 안 되었지만 2019년 이후 빠르게 설비 용량을 확장해 2022년 세계 최대 폴리실리콘 업체로 부상했다.

바커Wacker, 헴록Hemlock 등 유럽과 미국의 업체들과 한국의 OCI는 폴리실리콘 생산량이 줄었다. 특히 OCI는 2017년 세계 2위권이었으나, 폴리실리콘 가격 하락 및 원가 상승 부담으로 인해 유럽·미국 업체보다 생산량이 크게 줄었다.

2020년 기준 상위 10개 웨이퍼 업체는 모두 중국 기업이 차지하고 있다. 전 세계 단결정 웨이퍼 1위는 중국의 론지솔라Longi Solar로 전 세계 웨이퍼 시장의 34%를 차지한다. 중국 기업들의 전 세계 웨이퍼 시장 점유율은 97%에 달해 중국산 웨이퍼 없이는 태양전지 생산이 불가능하다고 해도 과언이 아니다.

태양전지 분야도 중국 기업이 80%를 점유하고 있다. 전 세계 태양전지 1위 생산 기업은 앞서 폴리실리콘 1위 기업인 중국의 퉁웨이이다. 2017년 3.9GW의 태양전지를 생산했던 퉁웨이는 2019년 13.4GW, 2020년 21.4GW를 생산해 태양전지 분야 1위 기업으로 성장했다. 폴리실리콘 분야에서의 강점을 바탕으로 태양전지 분야로 사업 영역을 확장했으며, 대규모 투자를 통한 규모의 경제 확보로 폴리실리콘 및 태양전지 분야에서까지 가격경쟁력을 확보했다.

웨이퍼 분야 1위 기업인 론지솔라도 18GW의 태양전지를 생산해 2020년 전 세계 태양전지 생산 2위에 올랐다. 퉁웨이만큼은 아니지만 론지솔라도 태양전지 셀 캐파를 증설할 예정이어서 이들의 시장 점유율은 더 올라갈 전망이다.

코로나19 확산 이후 전 세계적으로 태양광 소재 가격이 급등했지만, 이들 기업들은 소재를 직접 생산하기 때문에 그렇지 않은 기업보다 경쟁력이 높아졌다. 순수 태양전지 기업들은 소재 분야 가격 상승을 제품 가격에 반영하기 어렵지만 소재 분야 사업을 영위하는 태양전지 기업들의 경우에는 상대적으로 저렴한 가격에 소재 조달이 가능하기 때문이다.

2020년 기준 글로벌 태양전지 생산량은 168GW였으며, 국가별 태양전지 생산량을 살펴보면 중국 139GW, 한국 10GW, 캐나다 8.4GW, 타이완 5GW 순이다. 중국의 점유율이 2016년만 해도 65%였으나, 2020년에는 83%까지 급상승했다. 태양전지 분야에서도 중국의 독주 체제가 지속될 전망이다.

중국의 점유율이 높아지면서 중국 의존도를 낮추기 위한 움직임도 나타나고 있다. 미국은 중국산 태양전지에 대해 2018년부터 관세를 부과했다. 트럼프 대통령은 자국의 태양광 산업을 보호하기 위해 30%의 관세를 부과했다. 바이든 대통령도 15%인 중국산 태양광 패널에 대해 4년 더 관세를 연장했다. 하지만 2013~18년 유럽 EU집행위원회는 중국산 태양전지와 모듈 제품에 대해 반덤핑 상계관세 부과 조치를 시행했는데도 불구하고 EU 내 태양광 모듈 산업을 지켜 낼 수 없었다. 미국과 EU가 합심해 중국산 제품의 시장점유율을 낮 출 수 있을지 지켜볼 필요가 있다.

태양광발전 트렌드: 효율을 높이기 위한 노력 지속

단결정 웨이퍼 선호, 웨이퍼의 대형화

태양광 설비의 효율성이 중시되면서 다결정 웨이퍼보다는 단결정 웨이퍼를 선호하는 현상이 가속화되고 있다. 단결정 웨이퍼란 폴리 실리콘의 전체 구조가 동일하게 되어 있는 웨이퍼를 말한다. 순도가 높고 결정의 결함밀도가 낮은 재료를 사용하기 때문에 효율은 높지 만 가격이 비싸다. 또한 제조 과정이 복잡하고 에너지 소비도 많다는 단점이 있다.

이러한 결점을 극복하고자 다결정 박막장치가 사용되기도 하는 데, 만들기 쉽다는 장점은 있지만 효율은 떨어진다. 태양전지의 단위 면적당 생산되는 전력이 얼마나 되느냐 하는 효율성이 중요시되다 보니 단결정에 대한 선호도가 높아지고 있고, 단결정 웨이퍼의 선두 주자 론지솔라가 공격적 증설을 단행하고 있는 점도 단결정 웨이퍼 선호 현상을 앞당기고 있다.

또한 태양광 웨이퍼가 대형화되고 있다. 웨이퍼를 대형화하면 모 듈 출력이 높아진다. 과거 500W 모듈 생산 목표에서 지금은 600W 이상까지도 모듈 생산이 늘어났다. 더 큰 사이즈의 웨이퍼를 사용함 에 따라 셀, 모듈 제조 비용을 아낄 수 있다.

미래 태양전지 셀, 페로브스카이트 부각

태양전지도 1세대, 2세대를 거쳐 3세대 태양전지로 진화하고 있다. 1세대 태양전지는 결정질 실리콘 태양전지로 단결정질과 다결정질로 구분한다. 2세대 태양전지는 박막형 태양전지를 말하며, 비결정질 실리콘 태양전지, 기타 화합물 박막형 태양전지 등으로 구분한다. 페로브스카이트 태양전지는 3세대 태양전지로 분류되는데, 3세대 태양전지에는 페로브스카이트 태양전지 외에도 염료감응형 태양전지, 유기물 태양전지 등이 있다.

이 가운데 페로브스카이트가 부각되는 가장 큰 이유는 장점이 많기 때문이다. 저렴하고, 가벼우며, 효율이 높다. 또한 제조 공정이 간편해 생산 비용이 적게 들고, 유연한 소재라 곡면 등에 부착할 수 있어 자동차, 건물, 전자 제품 등 다양한 분야에 활용할 수 있다. 무엇보다 기존 실리콘 태양전지와 비교해 효율이 3~5% 높다는 점이 가장 주목받는 이유이다.

하지만 페로브스카이트 태양전지가 상용화되기 위해서는 넘어야 할 산이 많다. 가장 큰 문제는 내구성이 약하다는 점이다. 실리콘 태양전지의 경우 약 20년 이상 내구성을 갖고 있지만 페로브스카이트 태양전지의 내구성은 1년 정도밖에 되지 않는다. 여기에 고품질 대면적 박막을 형성할 수 있는 공정 기술이 아직 개발 중이다.

태양광발전 투자 동향: 미국과 중국의 경쟁 치열

블룸버그 뉴에너지파이낸스BNEF(Bloomberg New Energy Finance)가 집계

한 2021년 전 세계 태양광 신규 설치량은 182GW로 2020년보다 26%
증가했다. 2020년에도 2019년보다 22% 증가한 145GW를 기록했는
데, 코로나19 초기에 미국·유럽 등의 경제 봉쇄 조치로 일시 수요 감
소가 있긴 했지만 코로나19 국면에서도 경기 부양을 위한 투자가 신
규 태양광 발주로 이어지면서 높은 성장세를 이어 갔다.

특히 전 세계 태양광 설치량의 50% 이상을 차지하는 중국과 미국
의 신규 투자는 2020년 각각 57%, 60% 늘어난 데 이어 2021년에도
32%씩 늘어나면서 글로벌 태양광 신규 설치를 주도했다. 그밖에 독
일, 브라질 등의 2021년 신규 설치량은 전년 대비 각각 21%, 70% 증
가했다. 한국은 2020년 5.6GW를 설치했지만 2021년에는 4.1GW 설
치에 그쳐 전년 대비 26% 감소했다.

그림 18. 전 세계 태양광 신규 설치량

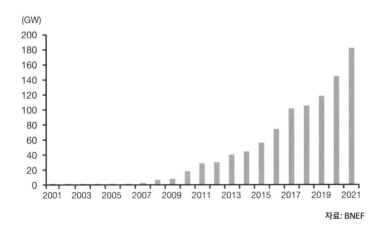

자료: BNEF

2020년 12월 중국 정부는 2030년까지 GDP당 탄소 배출량을 2005년 대비 65% 감소시키겠다는 목표를 발표했다. 이를 달성하기 위해서는 태양광과 풍력의 누적 설치량이 적어도 120GW는 되어야 한다고 밝혔다. 2021년 3월 14차 5개년 계획에서 전체 에너지 소비 중 비화석에너지 비중을 2020년 15.8%에서 2025년 20%, 2030년 25%까지 늘리겠다고 했다. 자국 내 태양광 기업이 많은 만큼 중국의 경우 비중이 늘어나는 비화석에너지의 대부분을 태양광으로 건설할 가능성이 높다.

미국도 태양광발전에 대한 투자를 늘려 갈 예정이다. 바이든 정부는 100% 청정에너지 전환을 선언한 바 있으며, 2020년 9월 미국 에너지부는 태양광 미래 연구보고서를 통해 전체 전력 공급량의 3%대 수준인 현재 태양광 비중을 2035년 40%, 2050년 45%로 높인다는 구상을 밝혔다.

이러한 목표를 달성하려면 2035년에는 약 1,000GW, 2050년에는 1,600GW가 설치되어야만 한다. 매년 30~60GW의 신규 설치가 필요하다는 의미이다. 2020년 전 세계에 설치된 태양광발전의 약 50%가 앞으로 매년 미국에서 설치되는 셈이다. 미국 정부는 태양광 산업 지원을 위해 투자세액 공제, 신재생에너지 의무할당제, 신축주택 태양광 설치 의무화 등의 정책을 시행 중이다.

2015년 태양광 설치량 1GW를 돌파했던 국내 시장은 2018년 2GW, 2019년 3GW를 넘어섰고 2020년에는 5GW를 넘어섰다. 2020년 기준 국내 태양광 시장 규모는 약 3.5조 원으로 추정되며, 글로벌 기준 약 8위권 시장을 형성하고 있다. 정부의 강력한 보급 정책과 기업들의 ESG 경영 강화로 인해 기업의 태양광발전 수요가 꾸준히 증가해 왔으나, 정부의 탈원전정책 폐기 영향으로 태양광 시장이 단기적으로 위축될 가능성은 있다. 하지만 장기적으로 우리나라도 탄소중립을 실현하기 위해서는 태양광이나 풍력과 같은 신재생에너지 투자 비중을 늘릴 수밖에 없다.

태양광발전 시장은 예측기관마다 차이는 있지만 2030년까지 연평균 13%의 두 자릿수 성장을 이어 갈 것으로 전망한다. 2020년 발표한 주요 기관별 전망치를 기준으로 볼 때 솔라 파워Solar Power라는 기관이 17.6%의 증가율을 예상해 가장 강한 성장률 전망치를 제시했으며, BNEF가 연평균 8% 성장률 전망치를 제시하고 있다.

성장을 촉발할 수 있는 요인으로는 태양광발전단가의 하락을 들수 있다. 최근 제조 비용 상승 등으로 폴리실리콘 가격이 강세를 보였다. 중국의 전력난으로 폴리실리콘 생산량이 줄어들고, 발전단가가 올라간 점이 폴리실리콘 가격 강세의 배경이었다. 여기에 더해 폴리실리콘 생산량과 수요가 일시적으로 어긋나면서 가격이 급등한 점도 있다.

하지만 중국의 주요 기업들이 폴리실리콘에 대한 증설 계획을 발표했고, 투자가 진행 중이라 수급이 매끄럽지 못한 요인은 시간이 지나면 완화될 전망이다. 2021년 글로벌 폴리실리콘 생산량은 약 58만 톤으로 추정되는데, 이는 약 160~200GW의 모듈을 생산할 수 있는 양이다. 폴리실리콘 증설 계획대로 진행된다면 2023년 이후 현재 대비 폴리실리콘 생산능력은 50%가량 늘어날 예정이어서 수급 부담은 해소될 것이다.

풍력발전 설치는 유럽 업체가 주도

풍력발전 시스템의 밸류체인은 풍력터빈 부품 공급 업체, 풍력터빈 공급 업체, 풍력발전단지 개발 업체로 구분할 수 있다. 풍력발전기의 핵심인 풍력터빈에는 블레이드, 로터Rotor, 기어박스Gear Box, 발전기뿐만 아니라 베어링Bearing, 샤프트Shaft 등 수많은 부품이 사용된다. 이들 부품을 생산하는 기업들이 산업의 하부 구조를 받쳐 준다.

풍력발전기 공급 업체는 이들 부품 업체로부터 부품을 조달해 풍력터빈을 제작한다. 그리고 풍력터빈을 설치할 수 있도록 단지를 설계하고, 운송·설치·시공은 물론 풍력발전단지를 운영하고 유지·보수하는 업체들이 있다.

국내 기업 가운데 풍력터빈 부품을 만드는 업체로는 CS윈드, CS베어링, 태웅 등이 대표적이며, 풍력터빈 제조사로는 두산에너빌리티, 유니슨 등이 있다. 두산에너빌리티는 8MW급 풍력터빈을 개발, 시험 중이다. 타워나 단조 부품의 경우 우리 기업들이 세계 시장에서 상위의 점유율을 차지하고 있으나, 블레이드나 기어박스 등의 부품은 설계 및 엔지니어링 원천 기술 경쟁력이 취약해 수출 실적이 별로 없다.

글로벌 풍력터빈 제조사는 베스타스Vestas, 지멘스가메사Siemens Gamesa, GE 리뉴어블 에너지GE Renewable Energy 등이 있다. 대체로 유럽 기업들이 높은 시장 점유율을 유지하는데, 많은 풍력터빈 설치 경험을 갖고 있기 때문이다.

풍력발전 트렌드: 바다로 가면서 터빈은 대형화

해상풍력 시장의 성장

풍력 시장은 여전히 육상풍력이 대세지만, 해상풍력 시장은 육상풍력 시장보다 빠르게 성장하고 있다. 2018년까지만 하더라도 육상풍력의 설치 비중이 90%를 넘었으나, 2019년 해상풍력 비중이 12%를 넘어선 데 이어 2021년에는 해상풍력 설치량이 전체 풍력 설치량의 17%까지 높아졌다. GWEC^{Global Wind Energy Council} 보고서에 의하면 해상풍력은 2013년 이후 연평균 24%씩 성장했다.

이처럼 해상풍력 시장이 빠르게 성장할 수 있는 배경은 기술 발전, 원가 하락, 각국 정부의 지원 등을 들 수 있다. 해상풍력은 육상보다 풍속이 빠르고, 바람도 지속적으로 불기 때문에 생산되는 전력의 품질이 육상풍력보다 좋다는 장점이 있다.

기술의 발전은 해상에 설치하는 구조물의 기술 발전과 풍력발전기의 대형화, 송배전 기술의 고도화 등을 들 수 있다. 기존 해상풍력은 얕은 바다에 고정식으로 설치했으나, 조선업에서 발전시킨 해양 플랜트 기술을 응용해 부유식 해상풍력발전도 가능해졌다. 이에 따라 최근에는 수심 100m의 바다에도 해상풍력발전기를 설치할 수 있다. 부유식의 경우 고정식 해상풍력 대비 발전설비 이용률이 15~20%가량 높다.

풍력발전기도 해상으로 갈수록 더 커져 가고 있다. 타워의 높이가 높아지고 민원 제기 리스크가 적기 때문이다. 해상풍력터빈의 용량은 2000년 1.5MW에서 2018년 6.5MW로 커졌다. 유럽의 경우 2019년 해상에 설치된 풍력의 용량은 평균 7.2MW에 이른다. 2025년에는 10~12MW까지도 커질 전망이다.

GE 리뉴어블 에너지는 2018년 최대 용량이 12MW인 터빈을 출시했다. 그러자 경쟁사인 지멘스 가메사는 15MW 제품을 공개했고, 2024년부터 상용화하겠다는 계획을 밝혔다. 차세대 해상 터빈 기술은 2030년에는 로터 지름 275m에 20MW 용량을 갖출 것이라는 전망이 나오고 있다.

여기에 먼 바다에서 생산한 전기를 지상으로 보내는 기술도 크게 좋아졌다. 통상 발전소에서 생산한 전기를 수용가까지 보내려면 발전소 인근에 변전소에서 생산한 전기를 취합한다. 그리고 전기의 압력을 높여 멀리 떨어진 수용가 인근의 변전소로 전기를 보낸다.

호스로 멀리까지 물을 보내려면 호스 끝을 좁게 해야 하는 것처럼 전력도 압력을 높여야만 멀리 보낼 수 있다. 전기를 생산한 곳과 사용하는 곳이 멀면 멀수록 압력을 더욱 높여야만 한다. 따라서 먼 바다에서 생산한 전기를 지상으로 보내기 위해서는 고압 변압기 같은 설비들이 필요하다. 해상풍력발전에서 송전과 이에 소요되는 전선 비용이 전체 해상풍력발전 건설 비용에서 차지하는 비중은 30% 정도이다.

해상풍력터빈은 저압의 해저 케이블을 통해 해상 변전소로 연결되고, 해상 변전소에서는 전압을 높여 고압의 해저 케이블을 통해 육상에 있는 변전소로 전력을 보낸다. 이때 육상 주 전력망까지의 거리가 짧으면 교류로 생산된 전기를 그대로 교류로 보내지만 거리가 멀면 직류로 바꿔 보낸다. 풍력터빈이 멀어질수록 전류를 교류에서 직류로 바꾸고 전압을 높이는 기술이 중요해지는데, 먼 바다에서 생산된 전기를 손실을 최소화해 육상으로 전송하는 송전 기술과 해저 케이블 기술이 충분할 만큼 발전했다.

또한 원가도 낮아지고 있다. 개발 경험이 축적되면서 최적화된 입지 선정 등을 통해 사업 비용을 줄이는 한편 건설 비용도 낮추고 있다. 2021년 글로벌 해상풍력의 발전균등화비용LCOE은 MWh당 75달러(약 9만 원)로 2010년 188달러(약 22만 원) 대비 50% 이상 감소했다. 건설 비용도 제품 설계의 표준화, 규모의 경제, 터빈 설계 능력 향상 등으로 2011~14년 대비 약 40% 감소했다. KDB 동향 보고서에 따르면 2020년 글로벌 해상풍력 건설 비용은 MW당 318만 달러(약 40억 원)이다.

풍력발전 투자 동향: 중국이 1위, 미국 해상풍력은 이제 시작

BNEF가 집계한 2021년 전 세계 풍력 신규 설치량은 100GW로 2020년보다 1.7% 증가했다. 2019년과 2020년의 신규 설치가 크게 증가했기 때문에 2021년의 신규 설치량 증가분은 크지 않았다. 2019년과 2020년의 신규 풍력발전 설치량은 각각 62GW, 99GW로 전년과 비교했을 때 24%, 58% 증가했다.

육상과 해상을 비교해 보면 2021년에는 육상풍력 설치량은 전년보다 줄어든 반면 해상풍력 설치량은 큰 폭으로 증가했다. 육상풍력 설치량은 83GW로 2020년보다 9% 감소했지만, 해상풍력 설치량은 17GW로 2020년 대비 161%나 증가했다.

국가별로도 전 세계 풍력 신규 설치의 50% 이상을 차지하는 중국이나 15%가량을 차지하는 미국 모두 2021년의 설치량은 2020년보다 감소했다. 중국의 경우 2020년 말까지 전력망에 연결되는 경우에만 보조금을 지급하는 정책의 영향으로 2021년 감소했다. 중국의 풍력발전 설치량은 2020년 57GW로 2019년 대비 2배 늘어났다.

그림 19. 전 세계 풍력 신규 설치량

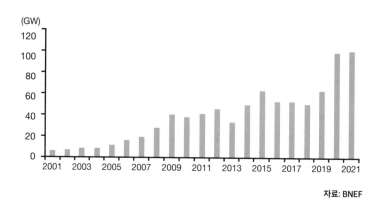

자료: BNEF

중국은 세계 1위 풍력발전 시장이다. 육상풍력과 해상풍력 모두 세계 비중 1위를 차지하고 있으며, 연간 설치량도 두 자릿수 성장세를 보이고 있다. 2010년부터 2021년까지 중국의 풍력 신규 설치량은 연평균 11% 증가했다.

중국은 보조금을 통한 정부의 육성 정책에 따라 풍력발전 시장이 성장했다. 하지만 풍력발전단가가 하락하자 2018년 육상풍력발전에 대한 보조금을 중장기적으로 없애기로 결정했다. 2018년 이전에 승인된 프로젝트에 한해 2020년 말까지 전력망에 연결할 경우 기존에 지급하던 보조금을 주고, 그렇지 못한 프로젝트에 대해서는 보조금 혜택을 종료한다.

보조금 혜택이 종료되면서 2021년 중국의 풍력발전 설치량은 3% 감소했다. 그러나 탄소중립 달성을 위해 중국의 탈석탄발전 기조가 지속되고 있고, 풍력발전단가가 떨어지고 있는 데다, 해상풍력발전에 대한 보조금 혜택은 당분간 지속될 예정이라 해상풍력 중심으로 성장세는 지속될 것이다.

미국은 중국 다음으로 풍력 신규 설치가 많은 시장이다. 아직은 대부분 육상풍력을 중심으로 하는 시장이며, 중국과 마찬가지로 PTCProduction Tax Credit(생산세액공제)라는 정부 보조금에 따라 설치량이 달라지고 있다. 연방재생에너지 PTC는 발전량당 일정 금액의 법인세를 공제해 주는 제도로 1992년 에너지 정책법Energy Policy Act에 의해 도입되어 이후 종료와 연장이 반복되며 미국 풍력발전 시장을 이끌어 왔다. PTC 혜택을 받으려면 신규 프로젝트 선정 이후 4년 내에 완공해야 하기 때문에 2020년까지 PTC 혜택을 신청한 신규 프로젝트는 최소 2024년까지 미국 신규 풍력발전 설치로 이어질 전망이다.

BNEF 전망에 따르면 2022~30년 9년간 미국의 연평균 풍력발전

신규 설치량은 약 12GW로 2011~19년 연평균 신규 설치량 7.5GW
보다 약 60% 증가할 것으로 전망한다. 미국의 해상풍력은 이제 시작
단계여서 해상풍력을 중심으로 한 성장 잠재력이 크다.

미국의 민주당 정권은 친환경 및 신재생에너지에 우호적이다. 민
주당의 신재생에너지 정책을 살펴보면 태양광 패널과 풍력발전용 터
빈을 각각 5억 개, 6만 개 설치하고 탄소 포집 및 저장 등 친환경 기
술 투자를 통한 친환경 에너지 생산을 확대해 2035년까지 미국 전력
분야의 CO_2 배출량을 제로로 만들겠다고 한다. 최근 설치되고 있는
6MW급을 기준으로 계산하면 풍력터빈 6만 개는 360GW에 달하는
양으로 15년간 매년 24GW의 풍력발전 설치가 필요하게 된다.

유럽은 2021년 풍력발전 누계 설치량 기준으로 350GW가 설치되
어 있다. 이는 전 세계 풍력발전 누계 설치량의 41%이다. 육상에는
이미 충분한 풍력발전이 설치되어 있다고 봐도 무방할 것이다. 그러
다 보니 유럽은 해상풍력에 역량을 집중하고 있다.

유럽 내 가장 큰 해상풍력 시장인 영국은 2030년까지 국가 전력의
40%를 해상풍력으로 조달할 계획이다. 이를 위해 2030년까지 해상
풍력 목표를 기존 30GW에서 40GW로 상향했다. 매년 평균 3GW씩
신규로 설치할 예정이다.

독일은 2020년 6월 '해상풍력법' 개정안을 승인했다. 이에 따르면
2030년 해상풍력 목표를 기존 15GW에서 20GW로 상향하고, 2040
년까지 40GW 설치를 목표로 하고 있다. 풍력 프로젝트에 대한 허가
절차도 간소화하기로 했다.

프랑스는 해상풍력의 보급이 느린 편이다. 2020년 4월에 발표된 '다년간 에너지 프로그램PPE'을 통해 2028년 해상풍력 목표치를 5.2~6.2GW로 상향했다. 2023년의 운영 목표는 2.3GW이며 2020년부터 2028년까지 8.75GW를 입찰할 계획이다.

덴마크는 2030년까지 5GW 해상풍력을 건설하는 계획의 연장선상에서 북해와 발트해에 각각 '에너지 섬'을 구축하는 내용의 새로운 '기후 행동 계획'을 승인했다. 발트해에 1GW 규모 해상풍력단지를 하나 더 건설할 계획이다. 덴마크 풍력 클러스터에는 베스타스, 오스테드Orsted 등 500여 개 업체가 입주해 있으며, 덴마크 GDP의 4%를 담당하고 있다.

네덜란드는 2030년까지 정부 주도로 11GW를 설치할 계획이다. 폴란드도 2027년까지 해상풍력 10.9GW를 설치하기 위한 법적 기반을 마련하고 있다.

해상풍력 시장은 대만도 주목해 볼 만하다. 대만의 해상풍력 시장은 중국에 이어 아시아에서 두 번째로 크다. 국토 면적이 제한되어 있고 에너지 공급이 불안정하다 보니 전력 생산을 위해 해안을 개척하고 있다. 대만 정부는 탈원전 및 신재생에너지 확충 정책 기조 아래 현재 가동 중인 원전을 2025년까지 폐로할 예정이다. 그 대신 2025년까지 해상풍력 5.5GW를 설치할 예정이며, 2018년 이미 발주를 완료했다. 2026년부터 2035년까지 추가로 10GW를 설치할 계획이다.

한국도 육상풍력보다는 해상풍력을 중심으로 풍력발전 시장이 커질 전망이다. 특히 한국은 조선, 기계, 철강 등의 산업이 잘 발달해 해상풍력발전을 건설하기 위한 제반 기술 역량이 좋다. 한국은 '재생에너지 3020 계획'에 기반을 두어 2030년까지 해상풍력 12GW를 설치할 예정이다.

현재 총 23개의 해상풍력 프로젝트가 준비되고 있고, 이들의 총 용량은 3.7GW에 이른다. 이 가운데 전북 서남권 해상풍력 사업이 구체화되고 있는데, 2029년까지 14조 원을 투자해 고창~부안 간 해상에 시범단지 400MW와 확산단지 2GW 등 총 2.4GW의 해상풍력 단지를 구축할 예정이다. BNEF 전망에 따르면 한국의 2021년 풍력 발전 신규 설치량은 215MW에 불과하나 2030년에는 1.4GW까지 증가해 연평균 23%의 성장률을 보일 것이라고 한다.

육상과 해상을 비교해 보면 향후의 풍력발전 시장은 해상풍력을 중심으로 고성장을 이어 갈 것으로 전망된다. 앞선 언급한 BNEF의 전망을 다시 인용하자면 2030년까지 육상풍력발전의 신규 설치량은 연평균 3.3% 증가하는 데 그칠 것으로 보이지만, 해상풍력은 연평균 11.9%의 높은 성장세를 보일 것으로 전망한다.

풍력발전 시장은 예측기관마다 차이는 있지만 2030년까지 연평균 7.7%의 성장을 이어 갈 것으로 전망한다. 태양광보다는 낮은 수준이지만 전체 에너지 시장 내에서는 높은 성장세이다. 2020년 발표한 주요 기관별 전망치를 보면, BP가 연평균 10.5%로 가장 높은 성장률 전망치를 제시했으며, BNEF가 연평균 6% 성장률 전망치를 제시했다.

풍력은 태양광에 비해 설치할 수 있는 장소가 제한된다는 단점이 있다. 이로 인해 글로벌 기관들의 성장률 전망치가 태양광보다는 좀 더 낮게 나온다. 하지만 풍력발전은 해상풍력 시장이 이제 성장을 본격화하고 있다는 점과 부품의 수급이 중국에 편향되어 있지 않다는 점이 향후 성장을 촉발할 수 있는 요인이다.

러시아의 우크라이나 침공은 기존의 미국과 중국 간 갈등에 기름을 부으며, 미국과 유럽, 러시아와 중국이라는 글로벌 신냉전시대로 접어들게 했다. 유럽은 러시아산 가스를 2030년까지 사용하지 않겠다고 선언했다. 러시아가 자국산 가스를 중국으로 돌리고, 미국이 유럽으로 가스 공급을 늘리면 이러한 신냉전시대는 더욱 공고해질 수 있다.

2022년 여름 유럽의 이상고온 등으로 전력난이 가중되면서 다시 러시아 가스를 들여오자는 목소리가 커졌지만 신냉전 국면이 지속될 경우 러시아 가스 도입 재개를 기대하기는 어렵고, 중국산 태양광 패널에 대해서까지 미국과 유럽의 수입 축소 가능성을 배제하기 어려운 상황이다. 이러한 요인은 현재의 시장 전망에 반영되지 않은 요소들로 현실화된다면 지난 10년의 에너지 시장에 나타났던 것과 같은 예상치 못한 변수가 될 수 있다. 신냉전 국면이 풍력발전 시장의 성장률을 끌어올리는 트리거가 될 수 있는 것이다.

신재생에너지 성장에서 파생되는 전력 시장의 변화

전 세계 배출 온실가스의 대부분은 에너지 소비 과정에서 발생한다. 에너지 부문은 전 세계 온실가스 배출량의 75%를 차지한다. 탄소중립을 달성하려면 에너지 전환을 가속화하고 시스템 전반의 혁신이 필요하다.

IEA는 신재생에너지가 2030년경에는 주 전력원이 될 것으로 전망한다. 화석연료와 원자력발전 중심의 중앙집중형 공급 방식은 신재생에너지, ESS, 수요 자원 등 다양한 소규모 분산 자원 중심으로 전환할 것이다. 이미 미국이나 EU, 일본 등은 분산형 전원 계통 인프라를 구축하고, 요금 제도도 개선하는 등 분산에너지 확산 정책을 추진하고 있다.

또한 이들 국가들은 경제 활성화 등을 목표로 전력망 투자 계획을 발표했다. 미국은 전력망 현대화에 70억 달러(약 8.4조 원)를 투자할 예정이고, 유럽은 스마트 디지털 기반 공사 등에 2조 달러(약 2,400조 원)를 투자할 계획이다. 중국도 68억 달러(약 8.2조 원)를 스마트 디지털 기반 산업에 투자하겠다는 계획을 세웠으며, 한국도 2025년까지 그린뉴딜에 43조 원을 투자할 예정이다.

당연한 이야기이지만, 신재생에너지를 중심으로 한 전력화가 빠르게 진행될수록 전력기기에 대한 투자도 증가할 수밖에 없다. IEA에 따르면 2021~30년의 연평균 송배전 투자 규모는 4,070억 달러(약 488조 원)로 2019~20년 평균 투자금액(2,649억 달러/약 318조 원)

대비 53.6%나 증가할 것으로 전망한다. 전력화가 더 빨라지면 투자액도 그만큼 더 늘어날 것이다.

송배전 시장 내에서도 직류 송배전의 성장이 기대된다. 우리가 사용하는 대부분의 가전제품은 교류전력을 내부에서 직류로 변환해 전력을 소비한다. 또한 태양광, 연료전지, ESS는 생산되는 전력이 직류라서 교류 계통에 연계하기 위해서는 전력 변환이 필요하며, 전기자동차도 직류 부하를 사용한다. 직류 배전망은 교류 배전망에 비해 전력의 손실이 적다. 따라서 분산형 전원이 확대될수록 직류기기 수요가 늘어날 수밖에 없다.

모도 인텔리전스Modor Intelligence는 직류 배전망 시장이 2025년까지 연평균 7.2% 성장할 것으로 전망한다. 주요 성장의 드라이버는 태양광 등의 신재생에너지와 전기차 시장 성장에 따른 고속충전 시스템 등의 수요 확대이다. 지역적으로는 중국, 인도 등의 아시아 시장이 고성장할 것으로 전망하며, 신재생에너지 비중이 높고 노후 설비에 대한 교체 수요가 많은 북미와 유럽도 평균 수준의 성장을 보일 것으로 전망한다.

ESS 시장도 빠르게 성장할 것이다. IEA가 전망한 향후 배터리 저장 투자 규모는 2020~30년간 연평균 12.6억~21.4억 달러(약 1.5조~2.6조 원) 규모이다. 이는 2015~19년 평균 투자금액과 비교했을 때 연평균 19~27%의 성장 속도이다. 럭스 리서치Lux Research나 모도 인텔리전스 같은 기관들도 연평균 14.9%, 24.4%(2020~25년)의 성장률을 예상하고 있다.

디지털 기술의 발전도 에너지 시장의 변화를 자극하는 요인이다. AI, 빅데이터 등 첨단 디지털 기술을 활용해 공급측 자원과 수요측 자원을 연동하는 에너지 융복합 신서비스 시장이 확산되고 있다. IEA는 2030년까지 에너지 신시장 규모가 12~13조 달러(약 1경 4,400조~1경 5,600조 원)에 이를 것으로 전망한다.

꼭 알아야 할
신재생에너지 투자 포인트

신재생에너지로의 전환은 더욱 가속화될 것이다

기상재해로 인한 경제적 손실은 해를 거듭할수록 커져 가고 있다. 2000년대 초반만 하더라도 1,000억 달러(약 120조 원)를 밑돌던 전 세계 기상재해 손실은 2010년대 들어 2,000억 달러(약 240조 원)를 넘어섰고, 2020년 들어서는 3,000억 달러(약 360조 원)까지 커졌다. 대부분 지구 온난화로 인한 기상재해 손실이다.

지구의 평균 온도는 2011~20년 10년간 1850~1900년 평균 온도보다 약 1.09℃ 상승했다. 지금도 지상 온도는 10년마다 평균 0.2℃씩 상승하고 있다. 지구 온난화를 유발하는 가스가 바로 온실가스이며 가장 대표적인 온실가스는 CO_2이다.

CO_2는 주로 에너지를 만들어 내기 위해 화석연료를 태우는 과정

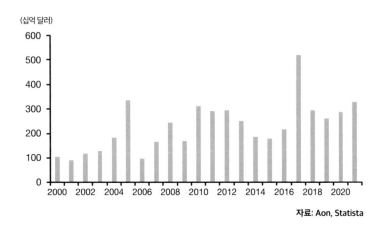

그림 20. 기상재해로 인한 전 세계 경제적 손실 규모

(십억 달러)

자료: Aon, Statista

에서 발생한다. 석탄이나 석유를 사용할 때 CO_2 배출이 가장 많으며, 천연가스를 사용할 때도 CO_2가 발생한다. 결국 온실가스를 줄이려 면 화석연료의 사용을 줄여야 한다.

석유는 주로 자동차나 선박의 연료로 사용되고, 석탄과 가스는 주 로 전력을 생산하는 데 사용된다. 화석연료 자동차를 전기자동차로 대체하고, 석탄과 가스로 생산하는 전력을 신재생에너지로 생산하면 온실가스를 줄일 수 있다.

각국 정부가 온실가스를 줄이기 위해 발표하는 탄소중립 정책의 대부분은 신재생에너지를 통한 전력의 생산이 핵심이다. 신재생에 너지를 중심으로 한 전력화가 지구 온난화를 막는 최선의 방법이다. 지구가 뜨거워지면서 기상재해가 발생하고, 그 피해가 커지면 커질

수록 신재생에너지로의 전환은 가속화될 것이다.

현재의 온실가스 감축 노력으로는 지난 2015년의 파리기후변화협약을 달성하기 어렵다. 정책적 강화가 필요하며, 정책적 강화가 소 잃고 외양간 고치는 격이 되지 않으려면 각국 정부의 신재생에너지에 대한 투자는 더욱 커질 수밖에 없다. 장기적인 관점에서 신재생에너지는 투자 확대에 힘입어 고성장할 것이다.

태양광과 풍력은 신재생 중에서 가장 고성장이 기대된다

전 세계 에너지 시장은 느리고 완만하게 성장해 왔고, 앞으로도 느리고 완만하게 성장할 것이다. 다만 온실가스 감축 등 인류가 살아가기 위한 목표 달성을 위해서는 에너지 시장 내에서 에너지 사용 비중, 즉 에너지 믹스가 변해야 하는데, 앞에서도 이야기한 것처럼 그 중심에는 신재생에너지가 있다.

신재생에너지 가운데서도 태양광과 풍력은 타 에너지원 대비 발전단가가 하락하고 있어 가격 경쟁력이 높다. 또한 경기 침체가 우려될 때마다 각국 정부는 신재생에너지를 포함한 다양한 경기 부양책을 발표하는데, 신재생에너지 관련 정책은 대부분 태양광이나 풍력, 혹은 이와 관련한 전력 시스템에 초점을 맞추고 있다.

BNEF가 발표한 자료에 의하면 태양광발전단가는 매년 독일

2.8%, 미국 4.8% 하락하고, 육상풍력발전단가도 독일 3.8%, 미국 1.8% 하락할 것으로 예상하고 있다. 신재생에너지 투자와 관련해 EU는 2023년까지 7,500억 유로(약 1,000조 원)의 경제회복기금을 조성해 에너지 전환 등에 사용할 예정이며, 한국도 한국형 그린뉴딜 정책에 42.7조 원을 2025년까지 투자할 계획이다.

IEA가 「세계 에너지 전망World Energy Outlook」에서 제시한 전망치를 보면, ①석탄화력발전의 축소, ②운송용 원유 사용의 감소분을 신재생에너지 발전이 대체한다고 가정했을 때 신재생에너지 시장은 2030년까지 연평균 7.2% 성장할 전망이다. 이를 신재생에너지 가운데서도 태양광과 풍력으로 대체한다면, 태양광은 연평균 18.5%, 풍력은 11.5% 성장하는 것으로 계산된다. 이는 IEA의 전망치 대비 각각 4.7%p, 3.4%p 높은 증가율이다. 현재 기관들이 예상하는 태양광과 풍력의 성장률보다 더 가파른 속도로 성장할 수 있다는 의미이다.

태양광과 풍력발전은 중국, 유럽, 미국 등을 중심으로 높은 성장세를 기록해 왔고, 앞으로도 성장할 수 있는 기반을 잘 갖추고 있다. 그러한 성장의 기반에는 잘 갖춰진 서플라이 체인이 있다. 태양광의 경우 중국이 원소재 부분을 독점하다시피 하고 있지만 글로벌 소싱이 잘 되어 있기 때문에 높은 성장세를 기록할 수 있는 여건이 마련된 것이다. 풍력발전도 2010년대 구조조정을 거치면서 3대 풍력터빈 업체 중심으로 시장의 재편이 이루어져 왔다.

ESG 투자 확대 분위기가 신재생에너지 시장 확대에 기여하다

기상이변과 코로나19를 겪으며 깨끗한 환경에 대해 높아진 욕구는 주식 시장에서의 ESG 투자 확대로 이어지고 있다. 2006년 UN이 사회책임투자원칙PRI을 발표하며 등장한 ESG 개념은 세부 요소가 정립되며 이제는 투자에까지 영향을 미치고 있다. 블룸버그Bloomberg가 집계한 ESG 관련 ETF 규모는 2019년 이전까지 10억 달러(약 1.2조 원)를 밑돌았으나, 2019년부터 증가하기 시작해 2021년에는 180억 달러(약 21.6조 원)를 넘어섰다. 높은 ESG 등급을 받는 기업들의 상대 수익률도 시장을 크게 앞서고 있다. 갈수록 ESG에 대한 중요성이 높아지면서 신재생 기업에 대한 투자도 늘어날 것이다.

그림 21. ESG관련 ETF 규모 추이

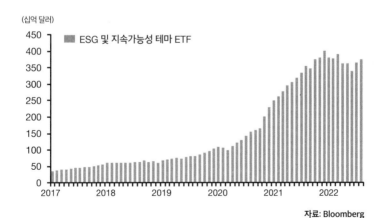

자료: Bloomberg

태양광과 풍력 중 하나를 고른다면?

풍력, 태양광 모두 고성장이 예상되지만 풍력보다는 태양광이 더 매력적으로 보인다. 태양광은 도시 인근에도 설치가 가능한 반면 풍력은 소음, 블레이드 크기 등의 문제로 도시 인근에 설치하는 것이 어렵다. 특히 해상풍력의 경우에는 대규모 송배전 투자도 필요하다는 점에서 아직 발전 비용이 태양광이나 육상풍력을 따라오지 못하고 있다.

태양광발전의 경우 발전단가가 빠르게 낮아지고 있다는 점을 주목해 볼 만하다. IRENA가 집계한 자료에 의하면 육상풍력의 발전단가가 태양광보다 낮긴 하나, 앞으로 시장이 커질 것으로 예상되는 해상풍력과 비교해 볼 때 여전히 태양광이 매력적이다. 풍력의 경우 육상풍력보다는 해상풍력 시장이 더 매력적이다. 대규모 풍력단지 건설이 가능하고, 안정적인 풍질을 기대할 수 있기 때문이다.

태양광발전의 단점이 없는 것은 아니다. 중국에 집중된 서플라이 체인은 여전히 문제이다. 특히 글로벌 신냉전 체제가 굳어질 경우 중국 이외의 지역에서 중국보다 값싼 가격으로 원재료를 생산할 수 있는 지역을 찾아내는 것이 시급하다.

그림 22. 태양광발전 LCOE 추이

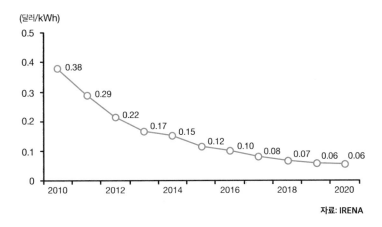

(달러/kWh)

자료: IRENA

그림 23. 육상 및 해상 풍력발전 LCOE 추이

(달러/kWh)   육상풍력   해상풍력

자료: IRENA

동반 성장이 기대되는
중저압 전력기기와 ESS 업체도 주목하라

　신재생에너지 투자가 늘어날수록 중저압 혹은 직류 송배전기기 시장도 같이 커 나가야 한다. 앞서 살펴본 바와 같이 전 세계 송배전 투자는 약 9%의 연평균 성장률을 보일 것으로 추정되며, ESS 시장 역시 10% 중반의 성장률을 보일 것으로 전망한다. 태양광이나 풍력만큼의 성장률에는 미치지 못하지만 비교적 높은 성장률을 보일 것으로 예상되나 전력기기 업체들은 신재생에너지 관련 기업만큼 관심을 받지 못하고 있다. 신재생에너지의 설치가 늘어날수록 이들 기업들도 주목받게 될 것이다.

그림 24. 전 세계 연평균 송배전 투자 전망

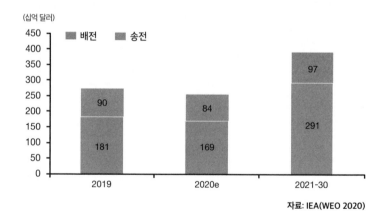

자료: IEA(WEO 2020)

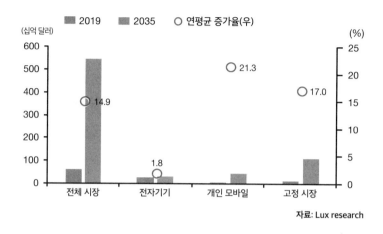

그림 25. 전 세계 ESS 시장 전망

자료: Lux research

글로벌 경쟁력을 갖춘 업체가 결국은 승자다

국내에서도 그린뉴딜 등을 추진하고 있지만, 시장 규모나 성장성 면에서 해외 시장이 더 매력적인 것이 사실이다. 9차 전력수급기본 계획상 태양광과 풍력의 연평균 설치 증가율은 각각 8.6%, 20.5%로 태양광은 글로벌 성장률 전망을 하회한다. 풍력은 연평균 증가율은 높지만 절대 규모 자체가 전 세계 설치 용량에 비해 많지 않다. 따라서 국내 시장에서의 성장을 기대하기보다 해외 시장 경험을 많이 갖춘 업체가 더 매력적이다. 신재생에너지 매출 가운데 수출 비중이 높은 회사일수록 기초체력이 튼튼한 업체라는 의미이며 오래도록 성장해 갈 것이다.

우주와 신재생에너지는
투자가 집중될 수밖에 없는 분야이다

우주와 신재생에너지는 우리가 눈으로 확인하기 쉽지 않은 분야이다. 우주에 쏘아 올린 저궤도 위성은 아주 빠르게 지구를 돌기 때문에 눈에 잘 보이지 않는다. 한반도를 지나가는 데 걸리는 시간은 90초 정도이다. 맑은 밤하늘에 떠 있는 정지궤도 위성이나, 스타링크의 위성 트레인 같은 경우 운이 좋아야 눈으로 확인할 수 있지 않을까? 신재생에너지도 마찬가지이다. 대관령이나 제주도에서 대형 풍력터빈이 돌아가는 모습을 볼 수는 있겠지만, 그렇게 만들어진 전기가 우리 삶에 어떤 영향을 미치는지를 체감하기란 쉽지 않다.

체감하지 못하니 투자도 선뜻 하지 못한다. 우주와 신재생에너지 관련한 보고서를 준비해서 투자자를 만나면 "나는 우주나 신재생에너지 시장이 커질 것이라고 믿지 않는다."는 이야기를 많이 듣곤 한다. 눈에 보이지 않기 때문이다. 각국 정부가 탄소중립을 외치며 경기 부양을 목표로 신재생에너지 인프라 분야에 대규모 재정을 투입하겠다고 발표하지만 실제로 집행되고 있는지 확인하는 데는 오랜 시간이 걸린다.

우주도 비슷하다. 2021년 제프 베이조스와 리처드 브랜슨은 민간인들을 데리고 우주여행에 나섰다. 우주여행은 이제 본격적으로 손에 잡힐 것 같았지만, 1년 넘게 그들이 후속 우주여행을 했다는 뉴스는 들리지 않는다. 우주에 대한 투자도 공허한 선언처럼 느껴질 수밖에 없다.

그러나 이 책을 쓰는 동안 만난 국내 우주 산업 관련 전문가들의 이야기를 들어 보니 우리가 직접 눈으로 확인할 수 없는 많은 기술적 진보를 이루어 내고 있었다. 누리호 2차 발사가 성공을 했고, 민간이 개발한 초소형 위성도 머지않아 발사될 예정이다.

우주나 신재생에너지 분야는 계단식 발전을 할 것이라 생각한다. 다이어트를 해 본 사람들은 알 것이다. 아무리 노력해도 변하지 않던 체중이 어느 날 갑자기 내려와 있는 것을 확인할 수 있다. 스페이스X는 로켓을 역추진해 재활용하는 기술을 성공시키기까지 수차례의 실패를 거듭했다. 그들은 실패를 밑거름 삼아 조금씩 기술의 진보를 이루어 냈으나, 우리가 볼 때는 어느 날 갑자기 인류가 우주로켓을 재활용하는 단계로 올라선 것처럼 느껴졌다.

이 책에서 우주가 만들어 낼 수 있는 여러 가지 부가가치에 대해 설명했다. 그러한 가치에 투자하려는 투자자가 늘어나는 만큼 기술 개발 속도가 빨라질 것이고, 관련 기업의 성과도 기하급수적으로 늘어날 것이다. 조만장자들의 투자 안목과 그들의 투자를 받은 기업들의 성과를 같이 누리려면 지금 투자에 나서야 한다.

신재생에너지도 마찬가지이다. 조금씩 기술이 진보하면서 어느덧 신재생에너지의 발전단가가 기존 화석연료의 발전단가보다 저렴하게 되었다. 이 사실에 놀라는 사람이 꽤 많다.

체감하기 어려운 분야인 만큼 우주와 신재생에너지 산업에 대한 이해를 돕고자 최대한 쉽게 풀어 쓰려고 노력했다. 막상 써 놓고 보니 기술적인 이야기는 이해하기 쉽지 않을 수도 있겠다는 생각이 든다. 하지만 중요한 것은 우주와 신재생에너지는 인류가 당면한 환경의 변화로 인해 결국 투자가 집중될 수밖에 없는 분야라는 점이다.

다만 우주나 신재생에너지라는 이름을 걸고 있다고 해서 무조건 투자 대상이 될 수는 없다는 점을 명심해야 한다. 투자 포인트로 제시한 부분들을 참고로 투자하려는 대상 기업을 일차적으로 살펴보고, 시중에 나와 있는 밸류에이션 책들을 보면서 그 회사의 주가가 적정한 수준에 있는지를 판단해야 한다.

투자의 길은 멀고도 험하다. 모쪼록 이 책을 읽는 분들의 우주와 신재생에너지에 대한 투자에 조금이라도 도움이 되었으면 한다.

참고문헌

국내

과학기술정보통신부, 『2020 우주개발백서』, 『2021 우주개발백서』.

김현옥, 『처음 읽는 인공위성 원격탐사 이야기』, 2021.

리처드 오버리, 『지도와 사진으로 보는 더 타임스 세계사(개정판)』, 2019.

산업통상자원부/한국에너지공단 신재생에너지센터, 『2020 신재생에너지 백서』.

에너지경제연구원, 『국제 신재생에너지 정책변화 및 시장분석』, 2020.

에너지경제연구원, 『전력경제리뷰』 2022년 제1호, 2022. 1. 13.

윤천석 외 2인, 『신재생에너지』, 2019.

제레미 시겔, 『주식에 장기 투자하라』, 2015.

존 록스돈, 『NASA 탄생과 우주탐사의 비밀』, 2022.

페터 슈나이더, 『우주를 향한 골드러시』, 2021.

피터 자이한, 『셰일혁명과 미국 없는 세계』, 2019.

한국전력공사 전력연구원, 『전력기술의 미래 전망』, 2018.

관계부처 합동, 「에너지 탄소중립 혁신 전략」, 2021. 12. 10.

노벨사이언스, 「소행성서 돈되는 광물 캔다 '우주광산'시대」, 2017. 6. 28.

대신증권, 「[신재생에너지] 글로벌 대세, 그러나 아직 초입일 뿐」, 2020. 12.

미래에셋증권, 「글로벌태양광 태양은 여전히 뜨겁다」, 2021. 10. 27.

KDB 미래전략연구소, 「풍력발전현황 및 산업동향」, 2022. 2.

키움증권, 「풍력발전: 전기는 바람을 타고」, 2020. 9.

한국수출입은행, 「신재생에너지 산업 동향」, 2021. 7. 6.

한국수출입은행, 「태양광 산업 동향」, 2021. 11. 3.

한국일보, 「82세에 우주비행 성공한 월리펑크 '우주 다시 가고 싶어'」, 2021. 7. 21.

한전경영연구원, 「2050년 넷제로를 위한 2030년 추진목표」, 2022. 3. 24.

해외

Frost & Sullivan, Global Mega Trends to 2030, 2019. 7. 8.

IEA, World Energy Outlook, 2020/2021.

IEEE, MegaTrends for 2021-2030, 2021.

ITU, Measuring digital development Facts and figures 2021.

NBC, First all-civilian crew launches on mission to ISS, 2022. 4. 8.

World Economic Forum, The Global Risks Report 2019~2022.